DEVENIR ET RESTER ETHNOLOGUE

Connaissance des hommes
Collection dirigée par Olivier Leservoisier

Dernières parutions

Paolo PALMERI, *Retour dans un village Diola de Casamance, Les Diola du Mof Evvì : la terre du roi des pluies au Sénégal, Seconde édition*, 2022.
Denys CUCHE, *La diaspora libanaise du Pérou*, 2021.
Francesco STARO, *Anthropologie politique de la gestion de l'eau chez les pasteurs nomades garri du Sud éthiopien*, 2020.
Denys CUCHE, *Les Palestiniens chrétiens du Pérou*, 2019.
Véronique ROUSSELY, *Les combats rituels de Zitlala au Mexique*, 2018.
Jérôme GIDOIN, *Les défunts à la pagode, La bouddhisation du culte des ancêtres chez les Vietnamiens de la région parisienne*, 2017
Anaïs LEBLON, *Dynamiques patrimoniales et enjeux pastoraux en milieu peul. Les fêtes de transhumance yâaral et degal au Mali*, 2016.
Hamidou DIA, *Trajectoires et pratiques migratoires des Haalpulaaren du Sénégal, Socio-anthropologie d'un « village multi situé »*, 2015.
Roy DILLEY, *Henri Gaden à travers l'Afrique de l'Ouest (1894-1939). Fils de Bordeaux, aventurier africain*, 2015.
Julien BONDAZ, *L'exposition postcoloniale. Musées et zoos en Afrique de l'Ouest (Niger, Mali, Burkina Faso)*, 2014.
Gaëlle LACAZE, *Le corps mongol. Techniques et conceptions nomades du corps*, 2012.
Pauline GUEDJ, *Panafricanisme, religion akan et dynamiques identitaires aux États-Unis. Le chemin du Sankofa*, 2011.
Lidia CALDEROLI, *Rite et technique chez les forgerons mosse du Burkina Faso. Forger, apaiser, soigner*, 2010.
Yazid BEN HOUNET, *L'Algérie des Tribus*, 2009.
Alain BABADZAN, *Le Spectacle de la culture*, 2009.
Marion FRESIA, *Les Mauritaniens réfugiés au Sénégal*, 2009.
Marie-Aude FOUERE, *Les Relations à plaisanteries en Afrique*, 2008.

Marie-José Tubiana

DEVENIR ET RESTER ETHNOLOGUE

Entretiens avec Annette Carayon

Principales publications de l'auteur

Contes Zaghawa (en coll. avec Joseph Tubiana), Édition originale : Les Quatre Jeudis, Paris, 1962. Réédition par l'Harmattan sous la forme de deux volumes ne reprenant que les textes.

Survivances préislamiques en pays Zaghawa, 1964.

The Zaghawa from an Ecological Perspective (en collaboration avec Joseph Tubiana), 1977.

Des Troupeaux et des Femmes. Mariage et transfert de biens chez les Beri (Zaghawa et Bideyat) du Tchad et du Soudan, 1985.

Femmes du Sahel, Tchad-Soudan. Regards donnés, 1994.

Parcours de Femmes. Les nouvelles élites. Entretiens, 2004.

Carnets de route au Dar For (Soudan) 1965-1970, 2006.

Une émigration non choisie. Histoires de demandeurs d'asile du Darfour (Soudan). 2016.

Forced to Flee. Stories of asylum seekers from Darfur, Sudan. 2017.

Photos : © M.-J. Tubiana.
Conception graphique & mise en page : Anne Lebossé

© L'Harmattan, 2023
5-7, rue de l'École-Polytechnique, 75005 Paris
https://www.harmattan.fr
diffusion.harmattan@wanadoo.fr
ISBN : 978-2-14-049721-6
EAN : 9782140497216

À mes enfants
Frank, Sylvie, Jérôme

à mes petits-enfants
Marc, Laure, Matéo, Zoé, Julien, Élise

ainsi qu'à tous mes compagnons de route.

PRÉLUDE

Fenêtres ouvertes sur le jardin, nous buvons du thé dans ma cuisine, un délicieux *thé des songes* où se déplient d'incertaines fleurs tendrement brunies. Je suis avec mon amie Annette qui, entre deux silences, me demande : *Comment es-tu devenue ethnologue ?* Ma réponse est immédiate, dite avant même d'être pensée : *J'ai grandi ethnologue.* En quelque sorte une prédestination. Moi-même un peu surprise de ma réponse j'ajoute aussitôt des lectures, des études, des rencontres, des lectures encore. *Et pourquoi ne pas écrire tout cela ? Tu me racontes, je note et on écrit.*

Annette est une vieille amie récemment rencontrée. Étrange, n'est-ce pas ? Et pourtant vrai ! Nous aimons nous retrouver le nez sur le jardin qui sépare les deux immeubles de ma résidence. Un jardin surélevé qui met plantes et fleurs à hauteur des visages ; un jardin un peu sauvage, entretenu cependant par un jardinier épisodique. Il n'est pas ouvert aux résidents, et les sobres acanthes et les folles papilionacées exubèrent.

À la table de la cuisine, près de la fenêtre, les mots viennent sans être appelés. Nos bavardages sont ainsi devenus chemins de vie, relais de mémoire. Nous ont rejointes ma grand-mère, la vieille dame du troisième et sa mandoline, les soldats de l'occupation allemande, les fermiers de l'Anguille, mes études interrompues, l'Institut de géographie de Bordeaux, le Musée de l'Homme, ma première mission africaine, l'entrée au CNRS. Des visages, des rencontres, des rêveries, une vie.

I

Bordeaux - Rue Honoré Tessier 1931-1939

J'aimais beaucoup ma grand-mère. C'était une femme douce, silencieuse, compréhensive et attentionnée. J'avais besoin d'être auprès d'elle. Mes parents avaient très peu de temps et ils ne pouvaient pas me donner ce qu'elle me donnait, ce dont j'avais besoin.

Je n'ai pas connu mon autre grand-mère, la mère de ma mère, omniprésente aux côtés de son mari dans la pharmacie d'Arcachon. J'ai le sentiment que dans ma famille les femmes étaient plus fortes que les hommes. C'est ma mère qui, dans notre maison, organisait tout, c'est elle qui « faisait marcher la boutique », c'est elle qui contrôlait, prévoyait, surveillait…

Quant à mon père je suis tentée de dire aujourd'hui que c'était un homme immature. Difficile pour une enfant de ne pas voir son père comme un adulte protecteur. Très difficile. Sa passion était de jouer aux courses. Le matin il achetait *Paris Turf* et il faisait ses « combinaisons ». J'ai vaguement le souvenir qu'il a une fois eu des ennuis judiciaires pour avoir participé à je ne sais quelle combine montée par un bookmaker, interdit à l'époque. Quand je repense aux distractions de mon enfance, me reviennent en premier lieu les dimanches sur les champs de courses, les chevaux et l'odeur du crottin ! Tous les champs de courses de la région, je les ai tous faits ! Mais j'aimais bien les chevaux.

Mon père ne supportait pas l'alcool, il lui suffisait de deux ou trois verres de vin pour qu'il entre dans des crises incontrôlables. C'étaient alors des scènes qui pouvaient devenir violentes. Mes parents criaient, s'injuriaient même, mais il n'y avait jamais de gestes agressifs. Quand ma mère pensait que mon père était au café du coin, elle nous demandait, à ma sœur et à moi « d'aller voir ». Nous le ramenions à la maison, et je me souviens de ce lourd sentiment qui m'étreignait alors ; un sentiment de honte et d'humiliation, mais surtout de violent mépris pour lui, pour mon père. Une vraie souffrance. Il arrivait qu'il décide brusquement de prendre sa voiture alors qu'il n'était pas vraiment en état de la conduire. Ma mère ouvrait la portière, s'imposait à ses côtés et, je ne sais comment, je me retrouvais à l'arrière, terrorisée… On roulait. Nous n'avons jamais eu d'accident.

Nous avons longtemps vécu, ma sœur et moi, avec ma grand-mère, à Bordeaux, jusqu'en 1939, rue Honoré Teissier, tout à côté de la synagogue. Dans notre petite enfance, nos parents exploitaient plusieurs lignes d'autobus : *Castillon / Bordeaux - Bordeaux / Castillon*, sur plusieurs itinéraires. Ma mère gérait l'entreprise et ne pouvait donc pas s'occuper de nous en continu, mais elle venait nous voir tous les jours ; elle apportait le repas de midi dans un grand panier d'osier. Ce repas lui était donné par un restaurateur qui, cinq ou six ans auparavant, à l'époque où mon père était encore négociant en vins, avait reçu une livraison qu'il n'avait pas pu payer. Ce monsieur, qui s'appelait *Monsieur Papa noir*, du nom de son restaurant, s'était engagé, en compensation, à fournir tous les jours le repas de midi à mes parents (sur un temps déterminé je pense). Une autre époque… où les engagements et le sens du contrat étaient naturellement honorés.

Ma grand-mère était une femme très pieuse. Je n'ai pas le souvenir d'être allée avec elle à l'église mais sa foi imprégnait sa vie, donc la mienne. J'avais cinq ou six ans quand je lui ai dit un jour : *Je veux faire ma première communion – Impossible, tu n'as pas l'âge – Je veux faire ma première communion.* Je suis allée voir l'aumônier de l'Institution du Mirail, où ma sœur et moi étions élèves, et il me fit la même réponse. Mais j'ai tant insisté qu'il m'a dit : *Tu vas m'expliquer pourquoi. Je te poserai des questions et si je vois que tu comprends ce qu'est cet engagement tu feras ta première communion.* J'étais si petite que pour me parler plus directement il m'avait prise dans ses bras et posée en face de lui, sur une table. J'ai pensé qu'il aurait aussi bien pu s'asseoir. Mais j'ai fait ma première communion !

II

Castillon - L'Anguille 1939-1948

1939 : la guerre

Les autobus ont été réquisitionnés les uns après les autres, et nous nous sommes tous retrouvés à Castillon dans la maison familiale. Une belle maison de pierre, sur la rue qui menait à la gare. J'avais neuf ans. La maison était vaste, les pièces immenses mais peu nombreuses. J'avais donc mon lit dans un coin de la très grande chambre de mes parents. J'en étais très malheureuse. Ma grand-mère qui, sans rien dire, percevait tout, s'arrangea pour faire poser une légère cloison dans sa propre chambre. Elle me fit ainsi une chambrette dont je revois encore les parois tendues de toile de Jouy bleue où, entourés de leurs moutons, bergers et bergères conversaient sous de grands arbres… Ce fut pour moi un vrai bonheur. J'avais mon lieu à moi !

Ma douce grand-mère, si attentive, est morte quand j'avais onze ans. Ce fut la première grande peine de mon existence. Je me souviens de ce repas d'enterrement. Mais comment pouvaient-ils donc manger, parler, rire, comme si de rien n'était, tous ?! J'entends encore l'oncle Marcel, notre oncle avocat, le seul socialo de la famille, qui, au dessert, s'était lancé dans un vigoureux discours politique. Comment cela était-il possible ?

Ma sœur avait quatre ans de plus que moi. Elle a très vite été très grande, bien bâtie, quand j'étais, moi, toute petite et très menue. Elle était loin de moi, et d'une certaine façon elle l'est restée. Elle avait, et elle a gardé, une sorte de morale de l'endurance qui l'amenait parfois à avoir des propos surprenants : *Les femmes chinoises accouchent dans les champs, posent leur bébé sur le bord du fossé et continuent leur travail... Pourquoi n'accoucherais-je pas chez moi, sur la table de la cuisine.* Elle a eu six enfants.

Ma mère nous habillait pareil. Quelle idée ! Les mêmes jupes plissées, le même chemisier de printemps et le même petit chapeau ! La belle-sœur de ma mère, tante Lucienne, était modiste et faisait donc nos chapeaux. Je me souviens de ce chapeau de taupé vert, vert épinard, qui est un jour arrivé sur ma tête. Non, il fallait faire quelque chose ! Il y avait à Castillon un gros poêle Godin, un de ces Mirus bruns qu'on remplissait de bois ou de charbon et qui chauffait toute la maison. J'ai ouvert la grille et jeté le chapeau vert dans les flammes rouges. On m'a longtemps demandé où il était, ce chapeau, où j'avais bien pu le mettre. Je n'en avais aucune idée...

Castillon se trouvait en zone occupée, à quelques kilomètres de la ligne de démarcation matérialisée par la Lidoire, un petit cours d'eau que longeait la route. Une route que nous prenions toutes les semaines pour aller au Bugue où, au tout début de la guerre, mon père avait acheté une propriété de quelque 90 hectares de forêts. Il avait besoin d'un approvisionnement en bois qui soit sûr pour alimenter son autobus gazogène, le seul qui lui restait. Un bûcheron débitait des troncs (des feuillards de châtaigniers) en petits cubes adaptés à la chaudière. Mon père les faisait transporter par train dans des containers jusqu'à Castillon. La maison du Bugue n'était pas en très bon état mais elle était située en haut d'une colline d'où on avait une vue magnifique. Elle était occupée par des métayers polonais qui avaient un sens aigu de leur intérêt propre. J'aimais beaucoup ces voyages où, couchée sur le siège arrière de la voiture, je suivais des yeux le tremblement des feuilles des platanes sur le ciel...

Les Allemands étaient très présents à Castillon. La *Kommandantur* était tout près de chez nous. On les voyait presque tous les jours montant au pas de l'oie la rue qui menait à la gare, impeccables dans leur tenue militaire verte. Ils chantaient. Il y avait dans cette raideur, dans cette discipline, quelque chose qui nous dérangeait, nous inquiétait, nous les enfants de 10-12 ans, immobiles sur les trottoirs. On évacuait cette gêne trouble en chantant à tue-tête : *Aïli, aïlo, tête de veau...* Mais peut-être, me dis-je aujourd'hui, restions-nous muets en leur présence, immobilisés par la peur. Je n'ai pas le souvenir de violences ou d'exactions particulières de leur part. Dans le village on les disait corrects, ces Allemands-là. Je me souviens de mon grand-père, ce devait être vers 1944, me confiant un jour : *Tu vois, petit* (j'étais toujours pour lui « le petit » : le petit-fils qu'il avait tant désiré), *les Allemands, ils sont foutus. Quand ils sont arrivés, ils étaient jeunes, blonds, beaux. Maintenant, regarde, il y a des jeunes, des grands, des petits, des vieux, d'anciens blessés qui marchent avec difficulté, oui, ils sont foutus. C'est le commencement de la fin...*

Mon père avait gardé un de ses autobus dans son garage. Pour qu'il échappe à la réquisition, il l'avait démonté avec l'aide du mécanicien de l'entreprise. Les Allemands l'apprirent (il y a toujours, en tout temps, en tout lieu, de bonnes âmes aidantes...) et arrivèrent un jour chez nous avec cette seule injonction : *Il nous faut cet autobus demain.* Ils étaient armés. Mon père et le mécanicien ont passé la nuit à travailler, et au matin les Allemands sont partis avec l'autobus. Ce fut pour moi un épisode très éprouvant, *je découvrais la violence de la force qui nie le droit.* Comme le fut pour mes parents cette incroyable aventure de l'achat de la propriété de l'Anguille que ma mère a longuement racontée dans *Petite mémoire familiale*, et dont je retranscris ici le passage. Elle y montre bien l'omniprésence vigilante de l'occupation allemande.

« Arcachon était devenu zone interdite, l'occupant édifiait tout un système de blockhaus tout le long des plages dans la hantise d'un débarquement anglais. Le jour de la signature de l'acte d'achat, le notaire nous attendait auprès du pont de la Lidoire à Castillon ; ce pont était sur la ligne de démarcation. Or, comme le notaire, M° Duboudin était notaire à Lamothe-Montravel, en zone libre, il nous fallait signer en zone libre. Nous prîmes donc avec nous M. Dumarchat, le vendeur, occupé à semer du maïs dans son champ. Il n'avait ni voiture ni permis pour franchir la frontière. L'opération terminée, nous raccompagnons M° Duboudin et nous prenons la route longeant la Lidoire pour revenir à l'Anguille par le village de Rouihl. Et voilà que nous sommes arrêtés par un garde allemand : « Papiers ! ». Les nôtres étaient en règle mais M. Dumarchat, que nous avions pris dans son champ, n'avait dans ses poches que les soixante mille francs que nous venions de lui remettre pour le prix de notre achat. Dans l'esprit du fonctionnaire zélé germa aussitôt l'idée que nous avions l'intention de le faire passer en zone libre pour mettre cet argent en lieu sûr, ce qui était formellement interdit.

Nous voici donc tous les trois conduits à la Kommandantur de Castillon qui se trouvait à deux maisons de chez nous. Nous n'avions pas dîné ; je réussis à persuader un soldat de m'accompagner chez nous pour chercher un petit casse-croûte et expliquer à Bonne-Maman ce qui nous était arrivé. Dès le lendemain matin nous étions emmenés à la prison de Libourne (…) Sans être vue de nos gardiens je réussis à faire passer un petit mot demandant à Bonne-Maman d'avertir le notaire pour qu'il vienne expliquer ce qui s'était passé.

En arrivant à la prison, il fallut donner au gardien, M. Beausoleil, (quelle ironie !) nos noms et adresses et tous les objets que nous avions sur nous. Bon-papa Jean, section hommes, et moi-même dans la lingerie de la prison, faute de place dans les cellules (...) Nous avions été arrêtés le samedi soir, il nous fallut attendre le lundi pour recouvrer la liberté après la visite de Maître Duboudin et les explications qu'il fournit [1]. »

Je ne réalisais pas vraiment ce qu'était la guerre. Je n'ai pas le souvenir qu'il y ait eu une radio à la maison. Mes parents lisaient les journaux, bien évidemment, mais nous ne savions pas grand-chose de ce qui se passait dans le monde. La débâcle allemande cependant est très présente dans mon esprit : les résistants ont fait sauter le pont de Castillon et cette explosion m'a terrorisée.

Durant toute cette période, j'allais à l'école de Castillon. C'est ainsi que, naturellement, j'ai suivi à dix ans les cours du certificat d'études que j'ai passé et que j'ai eu. Je m'ennuyais un peu, mes compagnes de classe étaient beaucoup plus âgées que moi, quatorze ou quinze ans. Elles me disaient : *Viens avec nous derrière l'église.* Je les ai un jour suivies. Il y avait là quelques garçons du même âge, et garçons et filles s'embrassaient. *C'est pas drôle,* leur ai-je dit. Je passais beaucoup de temps dans les livres, mais je n'ai pas un souvenir très précis de ces lectures. Me revient *Le Lys dans la vallée* que je trouvais un peu bébête.

À onze ans, je suis allée au lycée de Libourne, à 17 km de Castillon. On ne parlait pas de *collège* à cette époque. Ma sœur et moi, nous faisions le trajet à bicyclette. Je me revois encore,

---

1. Extrait de Geneviève Bourdier-Pénissou *Petite mémoire familiale*, textes annotés et présentés par Frank Tubiana et Marie-José Pénissou-Tubiana, Sépia, 2005, p. 59-61.

forçant sur les pédales de mon petit vélo quand ma sœur, qui avait un vélo d'adulte, était déjà loin devant moi. Elle se retournait de temps à autre : *Alors, microbe, tu arrives ?* Cela n'a pas duré longtemps, mes parents ont trouvé une famille qui nous a hébergées à Libourne. J'ai fait ma sixième, quelques mois de cinquième, et je suis tombée malade : une importante décalcification. Je devais rester le plus souvent allongée et j'ai passé trois ans à la maison. Trois ans à lire... Je faisais du latin avec le curé du village voisin de St-Magne, un homme charmant qui m'a beaucoup appris. Je devais aussi faire avec lui du grec, mais il n'aimait pas le grec. Il avait des dons de guérisseur et, de temps à autre, de ses mains tendues vers moi, à distance, il m'envoyait des radiations bénéfiques qui devaient soulager mon dos ! Durant ces années-là, j'ai beaucoup lu, rêvé, pensé. Ces années sans contrainte sont mon socle, ma base, mon viatique de liberté.

Au lycée de Libourne, en sixième, j'ai eu le bonheur de rencontrer Micheline. Une grande amitié qu'a interrompue sa mort, cinquante ans plus tard. Nous étions très gaies, indisciplinées, parfois secouées de fous-rires que je n'ai jamais retrouvés... Et puis, il y avait sa maison familiale, Le Courros, où j'allais souvent, le plus souvent possible, trouvant là *le plaisir « d'être ensemble » « d'être en famille »*, ce que je n'avais pas chez moi. Je vivais tout simplement avec eux, avec les parents, la sœur et une grand-mère sarde qui faisait au crochet d'infinis petits napperons colorés. Au Courros, j'étais heureuse, j'avais une vraie famille.

Bordeaux 1950. Photo prise par un photographe de rue : ma mère est à gauche en regardant la photo et mon amie Micheline à droite. Je suis au centre leur donnant le bras.

J'ai repris l'enseignement traditionnel en seconde. Aucun établissement ne voulait accepter une élève qui n'avait pas suivi le cursus normal des études. J'ai donc été admise dans un cours privé, le cours Ruello, où se retrouvaient les enfants de la bonne bourgeoisie bordelaise. J'y ai fait ma seconde, la première et la philo. Nous avions de splendides résultats au bac puisque dans une classe de vingt élèves l'institution n'en présentait à l'examen que trois ou quatre ! En philo, nous étions trois élèves, dirigées par l'abbé Lacaze, notre professeur. Il nous a fait découvrir Alain et bien d'autres philosophes, des moralistes surtout. Il était organiste à la cathédrale et ami de François Mauriac. Une belle année ! Plutôt que de nous rencontrer dans les salles ingrates de l'institution, l'abbé Lacaze faisait le plus souvent ses cours dans l'arrière-salle d'une librairie voisine, *l'Ami des livres*, où nous avions le sentiment de vivre en intimité avec les idées.

Durant toutes ces années et celles qui suivirent, jusqu'à mon départ pour Paris, le centre vivant, vital pour moi, a été l'Anguille. La maison, un ancien moulin à eau, était à quelque cinq-cents mètres de la route, cachée dans les arbres au bout

L'Anguille.

d'une longue allée qu'éclairaient des centaines de vers luisants. J'y ai vécu la vie paysanne de l'époque. Ma sœur ne sortait pas, penchée sur ses livres de latin ou de grec. Mais moi, j'étais toute la journée dehors dans les pas de la fermière. Nous allions couper l'herbe pour les lapins ou chercher des orties pour les oies. Des orties qu'elle prenait à pleines mains tout au bas des tiges remontant un peu pour les arracher sans difficulté. Elle n'était pas piquée, alors que le moindre effleurement provoquait sur mes jambes d'horribles brûlures. Elle m'expliquait qu'il fallait les prendre *à rebrousse-poil* et qu'alors on ne risquait rien ! Je n'ai pas tenté l'expérience. Nous allions relever les œufs dans la grange, traire les vaches. Ah, ce verre de lait tiède juste tiré du pis ! Quand on faisait les foins, je revenais montée sur la charrette. J'adorais me coucher dans le foin. Je me grisais de cette odeur qui devenait si forte que j'en perdais la tête.

Il y avait toujours à la ferme un ou deux cochons. On préparait leur soupe dans un grand chaudron de fonte où on faisait cuire à petit feu tous les restes des repas. On y ajoutait l'eau grasse de la vaisselle, en ces temps-là vierge de tout savon. On y mettait aussi les pommes de terre les plus petites ou les moins belles. Je m'approchais discrètement et, avec la louche gondolée, j'en attrapais deux ou trois. J'en mangeais une, toute chaude, et je gardais les autres, que le soir je mâchonnais dans mon lit.

Mais il y avait aussi *le jour où on tue le cochon*. J'étais horrifiée ! Ces animaux dont on avait été si proches ! C'était un des chauffeurs de mon père, un ancien boucher, qui venait tuer la bête. Un homme très gentil qui avait sur les mains des poils blonds, un peu semblables aux soies du cochon. Et, dans mon esprit brouillé, je mélangeais tout : lui, les mains, les poils du cochon, les cris, le sang qui coulait. Ma sœur venait recueillir dans un bol le sang qui giclait de la gorge. Elle le buvait chaud !... Suivait la préparation des charcuteries : le boudin cuisait dans un grand chaudron plein de légumes, une sorte de pot-au-feu qu'on appelle en gascon le *gimboura*, si goûteux que j'en rêve encore ! Les chapelets de saucisses, les pâtés, les saucissons... Une activité qui mobilisait sept ou huit personnes et qui durait une journée entière, voire deux et plus si on comptait la préparation des jambons. Mais c'était la fête !

Ma mère élevait des poules. Elle avait même une couveuse pour faire éclore plus de poussins, au lieu de laisser les œufs sous la mère. J'allais voir les poussins qui, avec effort, cassaient la coquille. On les aidait délicatement, ils sortaient épuisés, humides et flasques. Mais deux jours après ils étaient déjà sur pattes, jaunes et duveteux. Certains étaient mal formés ; on les éliminait. C'est ceux-là que j'adoptais, que je soignais et nourrissais mais qui, hélas, ont souvent fini sous une roue de voiture. J'allais aussi garder les oies avec la fermière, et parfois seule. Je m'asseyais à l'ombre des arbres dans la prairie avec un livre, et il m'arrivait de les perdre de vue, mes oies... J'ai quelques souvenirs de jars en colère, courant vers moi en criant, le cou à l'horizontale. Il est arrivé qu'ils referment leur bec sur mes mollets. Très, très douloureux !

J'aimais cueillir des fleurs : bleuets, coquelicots, folle avoine, souples graminées, et je rapportais triomphalement mes bouquets à la maison.

J'allais avec mon père pêcher des écrevisses et des anguilles dans le ruisseau qui traversait la propriété dont un des bâtiments était un ancien moulin à eau. Nous faisions sur le ruisseau un barrage qui retenait l'eau et, dans les flaques restées en amont, on attrapait les écrevisses qui s'agitaient. Il fallait les saisir à la main en resserrant les doigts juste derrière leur tête pour éviter leurs pinces. On s'aidait d'une petite épuisette. Avec un peu de chance on attrapait aussi des anguilles qu'on piquait avec une fourchette, elles aussi, juste derrière la tête.

Les écrevisses, on les plongeait vivantes dans l'eau bouillante, et on assommait les anguilles avant de les faire frire.

L'Anguille n'était qu'à 5 ou 6 kilomètres de Castillon, et nous y allions souvent en voiture. Mais un jour où il était à court d'essence, mon père eut l'idée d'atteler les bœufs et nous sommes tous montés dans la charrette. Nous avons mis deux heures pour rejoindre Castillon ! Le chat nous a suivis ! Nous n'avons pas recommencé.

Il y avait aussi les oncles, les tantes, cinq ou six cousins et cousines de mon âge, et une extraordinaire marraine qui faisait avec nous de grands feux dans la cheminée et construisait des cabanes dans les bois. *Elle avait le sens de la liberté, pour elle et pour les autres.* Nous jouions, nous courions, nous avions des vélos, et… des genoux couronnés. Nous allions chercher de l'eau au village voisin, Rouye ou Rouihl [1] alors que nous avions un puits près de la maison ! L'eau, peut-être, était-elle moins bonne chez nous ? Nous en rapportions aussi des fruits, de belles et bonnes pêches.

Nous, les enfants, avions une importante mission : l'extermination des doryphores que de hasardeux rapprochements avaient assimilés aux « Boches » qui occupaient notre pays. Pour un escadron de doryphores anéantis, ma mère nous donnait quelques sous. Nous avions des gants, une pince à épiler et de vieilles boîtes d'allumettes dans lesquelles nous rapportions nos victimes. Mais… pour être sûrs de ne pas manquer d'ennemis le lendemain, et donc pour être certains d'avoir un revenu assuré, nous allions parfois clandestinement les remettre sur les plants de pommes de terre.

---

1. Rouye, nom de l'administration et Rouihl peut-être nom dialectal en gascon ? Il faudrait y aller pour vérifier.

Merveilleux souvenirs ! Une vie idéalisée ? Je ne pense pas. On vivait là avec un sentiment de totale sécurité. Le monde était ainsi. Il avait toujours été ainsi, et il n'y avait pas de raisons pour qu'il ne continue pas d'être ainsi… Une vie simple, saine, en accord avec les êtres et les choses qui nous entouraient.

Nous nous nourrissions des produits de la ferme. Dans le potager, cultivé par Noélie et son mari, nous avions pommes de terre, petits pois, fèves, artichauts. Des artichauts dont nous allions admirer les magnifiques fleurs bleues. On faisait des conserves de viande de porc ou de morceaux d'oie que l'on mettait dans de grands pots en grès remplis de graisse. À Castillon on faisait aussi des conserves de lamproie dans des boites métalliques que l'on allait faire sertir chez madame Borderie. Cette cuisine avait quelque chose de terrifiant : le poisson-serpent, le sang… Ce n'est que bien plus tard, adulte, que j'ai pu goûter la lamproie dont la préparation très élaborée inclut même du chocolat !

Nous avions un hectare de vigne. Le raisin était d'abord foulé aux pieds avant de fermenter dans une grande cuve en bois de chêne. Après plusieurs semaines de soins et de traitements, il devenait un *petit vin de pays*, comme on disait.

Combien de pêches avons-nous pu manger en été ! Crues, cuites, en compote, caramélisées. Nous allions puiser l'eau au puits, nous cherchions des champignons dans les bois. On se levait tôt, on se couchait avec la nuit. Nous éclairions nos repas du soir avec de malodorantes lampes à pétrole ou à acétylène dont la flamme tremblotante avait quelque chose d'hypnotique. Le seul souvenir pour moi un peu déplaisant est ce que nous appelions *le petit coin* : une cabane de planches, construite sur le ruisseau où on devait s'accroupir sur une large planche de bois au milieu de laquelle s'ouvrait un grand trou. Sur une tige de fer recourbée étaient accrochées sur la cloison des feuilles de papier journal découpées en petits rectangles.

J'avais très peur de passer par le trou et de tomber dans le ruisseau. La nuit, nous avions à notre disposition des seaux de toilette qui, passés le matin à l'eau de javel, en gardaient tout le jour l'odeur si particulière.

J'aimais sortir sous les orages dans la longue allée ou dans la prairie ; ces orages d'août qui ploient les arbres, aplatissent les herbes et ravagent le ciel en feu. Beauté des éclairs qui déchirent le ciel… Je m'amusais à compter les secondes séparant l'éclair et la perception du grondement du tonnerre. *La vitesse du son est de 300 m /seconde,* nous répétait-on, je pouvais donc calculer à quelle distance je me trouvais du danger de la foudre. Ma mère nous disait : *Jamais sous les arbres, ne vous mettez jamais sous les arbres.*

J'ai le souvenir de belles promenades jusqu'au château de Montaigne où sur la terrasse nous regardions le soleil descendre lentement sur les lointaines collines. L'Anguille m'a donné une certitude : la vie existe et elle est heureuse…

Plus tard, pendant toute la durée de mes études à Bordeaux, l'Anguille est restée mon lieu de bonheur, un refuge. Dès qu'il faisait beau, j'y allais avec des amis, ou parfois seule, avec ma mobylette Peugeot : une soixantaine de kilomètres dans le vent. Le sentiment d'une extraordinaire liberté ! Il fallait juste avoir au moins une bougie de rechange pour arriver au bout du parcours. Mais j'étais devenue experte et le changement s'effectuait rapidement.

III

Bordeaux, 1949-1953

J'avais mon bac, que faire ? L'université de Bordeaux était connue pour son très bon département d'anglais ; je m'y suis donc inscrite. Robert Escarpit y avait créé une chaire de littérature comparée et pendant un trimestre environ j'ai suivi son enseignement avec plaisir. C'était un homme intelligent, plein d'esprit, curieux de tout, mais j'ai vite compris que la littérature comparée n'était pas le champ d'études que je cherchais. Il me fallait du concret, du vivant. J'ai alors bifurqué vers les études d'histoire et de géographie. Et j'ai eu la grande chance de rencontrer là des enseignants passionnants. *Des géographes « humains » qui, avant tout, privilégiaient l'étude de terrain.*

Il y avait un spécialiste de la forêt landaise, Louis Papy, qui savait parler en termes émouvants de la forêt, des arbres, des hommes, de la vie qui se fabriquait autour des résineux. C'était un Landais sec qui arrivait coiffé de son béret basque. Il venait à la fac à vélo ; un vélo qu'il portait en montant lestement les marches du perron et qu'il garait dans le hall.

Un autre de nos enseignants étudiait le vignoble bordelais, un autre travaillait sur la géomorphologie pyrénéenne, un autre encore étudiait les Antilles. C'étaient des enseignants très motivés, heureux de partager avec nous leur savoir et leurs expériences. Nous avons fait avec eux des expéditions en bus d'une semaine ou plus, en Charente, au Portugal, en Espagne !

Nous chantions, nous plaisantions, nous nous moquions les uns des autres… On faisait de la géographie « en action », nous apprenions beaucoup. Je me souviens de ce jour où Paul Arqué, le Pyrénéen, nous a montré comment s'était constitué un synclinal perché. J'avais l'impression d'assister à la création du monde ! Tout devenait limpide. C'étaient des gens bienveillants, heureux de travailler avec des jeunes.

Les historiens étaient, eux aussi, des personnalités. Il y avait là Yves Renouard, un historien du Moyen-Âge, spécialisé dans l'étude de la papauté d'Avignon, Gaston Martin, spécialiste de la Révolution française. Mais les contacts avec eux étaient différents.

En géographie, le travail se faisait en équipe. Les agrégatifs, par exemple, intégraient dans leur promotion les jeunes que nous étions et nous demandaient de préparer pour eux tel ou tel dossier. L'un d'eux m'a un jour confié la rédaction d'un chapitre sur la Tunisie, destiné à un manuel de géographie. C'était en 1950-51, bien avant la décolonisation, et ma production était sans nuance, anticoloniale. *Vous tapez très fort*, m'avait-il dit. *Mais c'est quand on est jeune qu'on peut taper fort*, lui avais-je répondu.

Ce qui me passionnait c'était d'être « sur le terrain », en contact avec les gens. Mes années d'autodidacte, entre dix et quinze ans, mes longs séjours à L'Anguille, avaient inscrit en moi le besoin d'indépendance, de liberté, et la passion de l'interrogation. J'ai un jour clairement compris que je devais chercher du côté de l'ethnologie. J'ai donc annoncé ma décision au département de Géographie : j'allais quitter l'université de Bordeaux et j'irais faire à Paris de l'ethnologie. J'étais une bonne étudiante, on voulait me garder à Bordeaux. Que faire ? La solution fut rapidement trouvée : on allait créer à l'université de Bordeaux un département d'ethnologie.

À la rentrée suivante arriva le Professeur Pierre Métais, spécialiste de la Nouvelle-Calédonie. Il venait toutes les semaines pour deux jours à Bordeaux, avec son cartable rempli de livres (dont le premier sorti fut celui sur les Nuer d'Evans-Pritchard), et d'objets insolites. Un jour, il arriva avec une hache de guerre kanak ! Nous étions trois étudiants : un homme d'un certain âge dont j'ai oublié le nom, Jean-Gabriel Gautier, et moi. Et, une fois encore, notre enseignant, ami de la liberté, jugea préférable de quitter les tristes locaux de l'université pour les cafés du coin.

J'habitais alors avec mes parents dans une petite maison rue Camille Godard. Je ne me souviens plus exactement pour quelles raisons ils avaient déménagé à Bordeaux. Peut-être pour nous, tout simplement, pour faciliter notre vie d'étudiantes. Nous avions un petit jardin, j'avais ma chambre à l'étage, ma mère, ou plutôt une personne à demeure, assurait l'intendance, j'avais donc de très bonnes conditions de travail.

IV

Paris, 1954-1956

J'avais en poche une licence d'histoire et de géographie, je préparais un certificat d'ethnologie, comment aller plus loin ? La destination s'imposait : le Musée de l'Homme à Paris qui proposait un certificat d'ethnologie plus diversifié. J'allais avoir 24 ans, il était temps que j'aille « voir ailleurs »…

Me voilà donc à Paris. Tout d'abord dans une chambre Porte de Champerret, chez une dame âgée qui vivait seule, et ensuite au pavillon Deutsch de la Meurthe à la Cité Universitaire Internationale, boulevard Jourdan. D'un côté les pavillons des filles, de l'autre, ceux des garçons. Les va-et-vient furtifs du petit matin se faisaient dans les deux sens. J'avais pour « cothurne », (terme usuel à l'époque pour les colocataires d'une même chambre) une pianiste peu encombrante qui travaillait son piano dans le salon du pavillon central. Après elle, une étudiante en droit qui passait le plus clair de son temps chez son petit copain. Bref, des années heureuses dans cette Cité internationale où j'avais une grande liberté et quelques sous, prélevés sur le budget nourriture (que m'allouaient mes parents), pour aller au cinéma et au théâtre.

Les cours du Musée de l'Homme étaient beaucoup plus variés et techniques que ceux de la fac de Bordeaux. André-Georges Haudricourt enseignait la linguistique. Il nous faisait faire des dictées de transcription phonétique qui nous permettraient, affirmait-il, de noter toutes les langues entendues. Mais il bégayait ! et il s'indignait qu'on ait pu transcrire trois fois un son quand il n'en avait prononcé qu'un (mais, de fait, émis trois). Il y avait un cours, ennuyeux, d'anthropologie physique où on apprenait à mesurer des crânes, à établir des proportions, à calculer des ressemblances ou des écarts. Marcel Griaule devait assurer un cours d'ethnologie générale mais, en réalité, il parlait des Dogon, exclusivement des Dogon, et nous disait : *Il faut savoir obliger votre interlocuteur à donner l'information, et n'oubliez pas : tout informateur est d'abord un menteur.* Étrange façon de concevoir la relation de l'ethnologue avec ceux qu'il s'est donné pour objectif d'étudier, donc de comprendre... J'allais aussi voir ce qui se passait du côté de la géographie et de la sociologie, et je trouvais plus de richesses dans les cours de Jean Dresch ou dans ceux de Raymond Aron.

J'ai ensuite intégré au Musée de l'Homme le Centre de formation aux recherches ethnologiques dirigé par André Leroi-Gourhan qui, plus tard, a été mon directeur de thèse. Une chance ! Un grand savant, un érudit intelligent et bienveillant. Je me suis immédiatement sentie chez moi au « Troca », comme on disait. Tous ceux qui y travaillaient étaient passionnés par leurs recherches. Départs et retours de mission s'accompagnaient de récits intenses qui refaisaient un monde à partir d'une série de poteries ou d'une roue de chariot... Le Musée de l'Homme était avant tout le « Musée de l'Objet ». De l'objet parlant ! Il y en avait partout : des vitrines d'instruments de musique, de vieilles pirogues le long des couloirs et de somptueux tissages sur les murs des bureaux. Il y en avait tant qu'on pouvait parfois nettement distinguer sur une étagère des « compressions » à la César. Mais la plupart des objets étaient entreposés dans d'immenses réserves que Robert Liansol, le technicien antillais du Département d'Afrique noire (le soir acteur chez Roger Blin), avait parfaitement su organiser et qu'il connaissait mieux que quiconque.

Mon bureau de stagiaire dans le Département d'Afrique noire se trouvait au sous-sol, au rez-de-jardin, au bout d'un long couloir. Ce n'était pas un vrai bureau mais un « recoin » laissé par Eric de Dampierre. Dans ce couloir, il y avait d'un côté le service de restauration des objets, le département de technologie de Leroi-Gourhan, le département d'Afrique noire où j'étais en stage, le département d'Afrique blanche dirigé par Joseph Tubiana et, de l'autre côté, à droite, la réserve des objets rapportés par les différentes missions.

Quand on entrait dans le couloir on s'interrogeait : se serait-on trompé d'étage ? Les peintures craquelées se détachaient, les fils électriques pendaient du plafond en boucles enchevêtrées, les soupiraux donnant sur le jardin étaient depuis longtemps rouillés... Mais derrière chaque porte, des êtres superbes ! André Leroi-Gourhan, Hélène Balfet, Denise Paulme, Michel Leiris, Jacqueline Delange, et tant d'autres ! Le vendredi, au département de technologie, c'était « entrée libre ». On débarrassait les longues tables habituellement encombrées des pièces en cours d'examen et chacun venait avec son pique-nique. Je garde un merveilleux souvenir de ces moments où les échanges étaient d'une étonnante liberté, stimulants, heureux.

Oui, le Troca avait une âme...

Ce premier stage devait se clore par un diplôme. Il fallait donc que je trouve un sujet d'études à proximité. Nous étions en 1954 et l'hiver était terriblement froid. L'Abbé Pierre, indigné de voir mourir des clochards dans la rue, avait lancé son grand mouvement de solidarité et créé Emmaüs. Je me revois encore transportant chez eux des couvertures collectées à droite, à gauche. À cette époque, des ethnologues, comme Pierre-Henri Chombart de Lauwe, avaient regroupé chercheurs et étudiants autour d'un projet d'ethnologie urbaine. Ils avaient leur Centre au Musée de l'Homme et j'avais de bons contacts avec cette équipe où je pensais pouvoir un jour m'insérer.

Je décidai donc de prendre pour sujet de mémoire l'étude d'une petite cité nouvellement sortie de terre près de Pontault-Combault. Une cité où étaient logés des déshérités soutenus par Emmaüs. La plupart étaient français. Il y avait là des hommes dont certains sortaient de prison, des hommes qui étaient en réinsertion, qui avaient une famille, qui cherchaient du travail, qui parfois en trouvaient, mais à des distances décourageantes. C'était l'hiver, il faisait froid, très humide, c'était très loin de la Cité-U. J'ai le souvenir frissonnant d'avoir pendant trois mois pataugé dans la boue. Les contacts furent loin d'être faciles. Je n'étais pas particulièrement attendue.

L'ethnologie urbaine m'a paru très dure…

Il fallait maintenant que je trouve un boulot, un vrai, mais quoi, et où ? J'ai alors appris que se préparait une mission en Côte d'Ivoire ; une mission montée par des géographes. Je travaillais alors dans le département d'Afrique noire sur une collection de statuettes Agni, une population ivoirienne, j'ai donc postulé, sans grand enthousiasme : il s'agissait d'étudier des populations forestières. La forêt me faisait peur ; un sentiment d'enfermement.

J'entendis parler d'une autre mission qui se préparait au Musée de l'Homme pour le Tchad, commanditée par le Gouverneur du Tchad lui-même. Il demandait qu'on explore l'Est du pays pour en identifier les ressources et, éventuellement, y développer un certain type de tourisme. Le sous-directeur du Musée de l'Homme, Léon Pales, avait sollicité Joseph Tubiana, qui dirigeait alors le Département d'Afrique Blanche, pour conduire cette mission qui devait durer de deux à trois mois. Tubiana avait accepté, *à condition que ce soit une vraie mission scientifique et que je puisse recruter les gens que je jugerai compétents.* Ce qui lui fut accordé. C'est ainsi que naquit La Mission du CNRS aux confins du Tchad (Borkou, Ennedi, Tibesti, Ouaddaï).

Il fallait un préhistorien, il recruta Gérard Bailloud, excellent préhistorien, mais alors « chômeur intellectuel », qui gagnait sa vie comme photographe à la photothèque du Musée de l'Homme. Il eut pour tâche la reconnaissance des sites à peintures rupestres qui se trouvaient dans les montagnes de L'Ennedi. Bien que sérieusement handicapé des suites d'une ancienne polio, il parcourut pendant une année la région à dos de chameau et étudia plus de 500 sites dont il releva les peintures. Il y avait aussi un spécialiste du Sahara, directeur de l'Institut de Recherches sahariennes d'Alger, Robert Capot-Rey, qui avait le projet de faire une reconnaissance du Borkou [1], un botaniste, P. Quézel, et un entomologiste, Ph. Bruneau de Miré. Le linguiste était Joseph Tubiana qui avait l'intention d'étudier les langues encore non décrites de ces populations. Il avait choisi en priorité la langue des Zaghawa, population souvent citée par les auteurs arabes mais encore peu connue. Il fallait recruter un ou une ethnologue. Nous étions trois femmes à postuler, toutes trois de formation et de compétence équivalentes.

Vous choisissez, avait dit Léon Pales à Tubiana. Quinze jours, trois semaines, aucune réponse... Tubiana ne voulait pas choisir : ne pourrait-on pas penser qu'il favorisait telle ou telle ? Je m'impatientais. Je décidai donc d'aller voir Léon Pales. *Quand pensez-vous, Monsieur, prendre une décision ? D'autres propositions me sont faites, et cette situation m'est très pénible.*

---

1. Robert Capot-Rey. *Borkou et Ounianga*, Univ. de Mâcon, 1961.

— *Bon, j'ai choisi*, dit-il, *vous partez avec la mission, on a besoin de gens décidés. J'espère que vous vous comporterez bien et que vous ne serez pas malade.* Telle fut sa réponse...

Ma rencontre avec le chef de mission fut brève, un peu sèche. Joseph Tubiana m'a fait un long discours sur le comportement que devait avoir une femme-chercheur sur le terrain : disponibilité, discrétion, endurance, patience, et : *On ne pose pas de question, on attend.* Intelligente et sage conduite dont j'ai souvent eu l'occasion de vérifier la justesse. Discours bien différent de celui que tenait Marcel Griaule durant ses cours. Sa dernière remarque, lors de cette toute première rencontre est restée dans nos mémoires, à tous deux, et nous a souvent fait rire : *Quand on est une femme-chercheur en mission, on ne couche pas.* Ma réponse avait été immédiate : *Je ne couche pas, ni avec vous ni avec d'autres.* Cela a fini par un mariage... Un peu comme l'histoire de Denise Paulme et d'André Schaeffner.

C'est alors que Gérard Bailloud et moi sommes entrés au CNRS, en octobre 1956, comme stagiaires de recherche. Léon Pales a été mon parrain. On m'attribua Germaine Dieterlen comme directeur. Elle avait passé sa vie à travailler sur les Dogon avec beaucoup d'inspiration et d'imagination. *Dis-moi, Oumarou comment l'enclume est-elle descendue du ciel ?* Cette citation revenait en riant dans nos conversations d'étudiants. Je ne souhaitais pas madame Dieterlen comme directeur de recherche. J'étais trop éloignée de ses centres d'intérêt et de ses méthodes d'enquête. Je demandai donc à travailler sous la direction de Denise Paulme avec laquelle j'étais depuis longtemps en contact et dont je suivais les cours. On s'étonna peut-être de mes exigences, mais ma demande fut acceptée.

J'étais assez hardie, insolente parfois, mais je me sentais *incapable d'accepter une situation qui ne correspondait pas à ce que je souhaitais.*

La préparation de la mission fut longue, on parla même de l'annuler, faute de crédits suffisants. Pas question ! Nous étions prêts, Gérard Bailloud et moi, à la payer nous-mêmes sur nos maigres salaires tout récents, cette mission. Nous sommes partis en octobre 1956. Ce fut l'occasion d'une très amicale réunion au Musée de l'Homme autour de Denise Paulme, très émue. Elle avait les larmes aux yeux, elle, toujours impavide. Étaient aussi présents Robert Liansol et notre amie Jacqueline Delange à laquelle j'ai légué avant de partir mon petit tailleur de velours noir que j'affectionnais tout particulièrement.

V
Le Tchad, Hiri-ba, 1956-1957

Une nuit d'avion et la chaleur qui nous saisit à la sortie. Notre hôtel est sur la grand place de N'Djaména, à l'époque Camp Koufra, qui est aujourd'hui la Place de la Nation. Les chambres ne sont pas prêtes, on va vous servir un repas. Et on nous apporte une choucroute ! La chambre était immense, la moustiquaire lourde de poussière, mais je me suis aussitôt endormie, comme saisie dans un bloc de glace. Les démarches administratives à effectuer le jour suivant dépassèrent nos attentes les plus raisonnées. Mais le Service des chasses, administré par les Français, nous a aimablement accueillis et a mis une fourgonnette à notre disposition. Nous étions trois hommes et une femme. Aucun d'eux n'avait de permis de conduire et ne savait conduire. Je vous conduirai, ai-je assuré... On nous a cependant donné un chauffeur. Mais j'ai plus tard dû prendre le volant pour accompagner Bailloud, le préhistorien, à l'aéroport où il prenait une rotation pour rejoindre directement Faya. Il a fallu alors que j'affronte ce qui empoisonnait mes débuts de conductrice : la marche arrière. Ce fut très angoissant, mais j'y suis arrivée. Je me souviens que Capot-Rey, qui avait une jambe en bois, montait difficilement dans la voiture. Je devais donc enlever la porte avant droite et il posait sa jambe de bois sur l'aile du véhicule. Pas facile, mais il y avait toujours à proximité une main secourable.

Tubiana avait prévu que lui et moi, nous irions chez les Zaghawa, petit sultanat au nord d'Abéché. Hiri-ba, la capitale, était un gros village où nous projetions d'installer notre base pour une année. Le préhistorien devait parcourir l'Ennedi à partir de Fada, et le géographe le Borkou. Des jonctions étaient prévues entre ces différents points.

Nous sommes arrivés en avion à Abéché où nous avons trouvé un petit hôtel tenu par un couple de Blancs. Une grosse dame et un petit monsieur. Il était mécanicien, elle faisait la cuisine. Le Chef de région, Pierre Maillard, nous réserva un très bon accueil. Il avait une bonne connaissance du pays et de ses habitants pour lesquels il avait compréhension et respect. Il parlait l'arabe, la langue véhiculaire de la région, mais que peu de gens du pays pratiquaient à cette époque, continuant à communiquer dans leur langue maternelle. Son interprète, Brahim Djedarab, travaillait aussi pour le sultan et sa loyauté, on peut le comprendre, était du côté du sultan. C'était un homme intelligent qui vivait avec sa famille dans une grande maison. Il tenait à scolariser ses enfants, filles et garçons, et à les encourager à faire des études. Sa fille aînée, Khalié Madeleine, était allée à l'école française où elle avait obtenu le certificat d'études. Nous nous sommes très vite liés d'amitié. Grande surprise du chef de région le jour où, nous invitant chez lui, il eut pour réponse :

Excusez-nous, mais nous sommes ce jour-là attendus chez votre interprète. – Bon, vous annulez ! – Non, nous viendrons chez vous une autre fois…

À la réflexion, je ne crois pas qu'il ait vraiment été choqué.

Le Chef de région a mis à notre disposition un camion avec lequel nous avons pu aller jusqu'à Hiri-ba où se trouvait le sultan Abderrahman, le chef des Zaghawa du Tchad. Nous nous sommes installés dans la maison vide du chef du PCA (Poste de contrôle administratif) où les gens venaient nous voir pour que nous jugions leurs litiges… Nous ne pouvions pas faire grand-chose, mais c'était une bonne façon de les connaître ! Notre base, pendant un an, fut donc Hiriba, d'octobre 1956 à octobre 1957. J'y ai vécu en continu et Tubi y a fait deux séjours, d'octobre à décembre, puis de juin à octobre suivants ; il devait entre temps assurer ses cours à Paris.

Nous n'avions pas de véhicule jusqu'à ce que Joseph revienne avec une Land Rover, en juin 1957. Je mettais alors à profit toutes les possibilités de déplacement pour explorer le pays. J'ai plusieurs fois accompagné le sultan Abderrahman dont le tribunal était mobile, siégeant tantôt à Matadjéné au Kapka ou à Kubu au Dirong.

Le sultan rendant la justice à Matadjéné.

Le sultan Abderrahman.

Hiri-ba était un gros village. Le palais du sultan était une construction de terre mais avait un étage. Quand je m'étonnai de la hauteur des marches qui donnaient accès à l'étage le sultan me répondit : *Ce sont des marches défensives : vous comprenez, si on m'attaque.* Le sultan était un très bel homme, grand, élancé, intelligent, qui comprit vite que nous voulions vraiment connaître l'histoire du pays. Nous voulions fixer cette histoire pour qu'elle ne se perde pas. Pour nous faciliter les choses, il mit à notre disposition son frère Mahamat, et il nous envoya deux vaches : il tenait à assurer notre quotidien. Mais qu'allions-nous faire de tout ce lait ! La naïve que j'étais n'avait tout simplement pas réalisé qu'une vache qui vit sur les plateaux zaghawa n'a rien d'une vache normande. Nous disposerions au mieux d'un litre de lait par jour !

Le sultan Abderrahman aimait les parfums, et nous lui en apportions. Mais le jour où il nous a demandé un litre de Chanel N° 5 nous n'avons pas pu satisfaire sa demande… Il aimait aussi les couteaux multi-lames. Quand il a été plus âgé nous avons pu lui offrir des couvertures chaudes, appréciables la nuit et dans la saison froide.

Il était très fier de sa canne-fusil qu'il avait reçue en France en cadeau lors d'une invitation pour le 14 juillet. Cette canne-fusil n'était pas particulièrement performante, mais un jour où j'étais avec lui en déplacement il me proposa de l'essayer. C'était bien la première fois que j'avais un fusil dans les mains, si l'on excepte ceux des stands de tir des fêtes foraines de Castillon. Devant nous passe une outarde. Je la vise et, stupeur, l'outarde tombe ! Les hommes du sultan se précipitent avec des cris de joie pour la ramasser et me félicitent bruyamment ! Je n'ai jamais renouvelé l'expérience…

Tubi se consacrait à l'étude de la langue, moi j'étais tous les vendredis sur le marché dont je devenais une figure familière. J'y passais la journée. C'était le marché le plus important de la région, fréquenté par toutes sortes de populations. Les Zaghawa n'étaient pas les seuls à y venir. Il y avait des gens du nord, les Goranes, qui apportaient des dattes et du sel ; des gens du sud, les Tama, qui apportaient leur coton. Les Zaghawa, eux, vendaient des moutons et des chèvres. Y venaient même des gens du Soudan avec du sucre, du thé et quelques objets de leur confection. J'ai passé là sept mois, tous les vendredis, attentive à la circulation des biens et aux modes d'échange. Peu ou pas de monnaie, mais des codes de troc que je percevais peu à peu, notant ce que telle personne apportait, ce avec quoi elle repartait et les itinéraires suivis. Petit à petit apparaissaient toutes les règles non dites d'un système économique. Cette enquête a pris fin le jour où est arrivé le chef en titre du PCA.

Il avait ordre de mettre en place des taxes sur les échanges du marché. Il ne m'était plus possible de continuer mes enquêtes. Je craignais trop qu'on me soupçonnât de donner des informations à ceux qui étaient là pour imposer des taxes. Pour autant que je sache, cet impôt n'a pas été particulièrement productif.

Des femmes au marché.

Nous sommes restés en pays zaghawa plus d'une année, treize mois exactement. J'ai parcouru les quatre cantons zaghawa du Tchad et le sud de l'Ennedi, m'arrêtant aux principaux villages et puits : là un mariage, là des danses, là un forgeron tissant du coton, là un autre tannant des peaux, et un autre encore forgeant des armes ; ailleurs une bagarre autour d'un puits, l'enterrement d'une victime…

J'ai vécu le cycle complet des saisons qui, dans cette région, ne sont pas quatre mais cinq, tant le moment des pluies y est particulier : une saison éphémère et luxuriante où en deux jours jaillissent hautes herbes et fleurs qui, très vite, vont devenir herbes sèches et fleurs fanées.

Je relevais tout ce qui concernait l'élevage, la cueillette des plantes sauvages, l'agriculture, les échanges commerciaux, qui sont à la base de l'économie zaghawa. J'étais aussi très attentive à tous les rites liés à la circoncision, au mariage et à la mort, notant les dons d'animaux en ces occasions, la constitution de la compensation matrimoniale dans la famille du fiancé et sa distribution dans la famille de la fiancée.

J'ai aussi recueilli de nombreux récits de vie. J'assistais au tribunal coutumier de Hiri-ba dont j'ai dépouillé les registres où étaient consignés les délits depuis plus d'une année, et j'ai étudié avec des jurisconsultes locaux les problèmes d'héritage et de transmissions des biens. Tout ceci constituera pour une grande part le matériau de ma thèse d'État, *Des troupeaux et des femmes*. Mais ce qui me mobilisait le plus était la recherche des survivances pré-islamiques.

De quoi s'agissait-il ? Tout simplement de retrouver les rituels païens qui ont survécu dans une population dont l'islamisation est très anciennement attestée et dont les membres se disent et se veulent musulmans. Mais ces rituels, dans le contexte de l'islamisation, disparaissaient, restant parfois seulement présents dans la mémoire des plus anciens. Il y avait donc urgence à les collecter. Rien ne pouvait se faire sans une relation de confiance avec mes interlocuteurs. On le sait, cette relation ne se décrète pas, il fallait le temps vécu et partagé pour que, naturellement, elle prenne vie. Ce furent donc de multiples rencontres et relations interpersonnelles qui m'ont donné la possibilité d'approcher des êtres étonnants.

Il y a eu tous ces vieillards du pays Kigé qui m'accompagnèrent jusqu'en haut de leur montagne où avaient lieu ces sacrifices, si fiers de me conduire. Je les voyais tous les jours. Ils venaient de loin, à pied, pour me parler ; ils racontaient, m'expliquaient. Nous buvions du thé, mangions du mouton grillé et ils m'offraient un œuf ou un oignon, sortis de leurs poches. Il y a eu Abbakar Barga, le visage illuminé de fierté quand, arrivé, il s'est assis, prenant pour moi la posture du chef. Et tant d'autres…

Me revient en mémoire, preuve de la pertinence de la patience et de l'attente quand on est ethnologue, une mission au Soudan, bien plus tard, où l'homme qui assistait à nos entretiens était resté muet pendant toute la durée de notre séjour, à tel point que nous le soupçonnions d'être une sorte de flic mis près de nous pour nous surveiller. Il nous écoutait, nous suivait avec attention, mais jamais ne disait mot. Il s'agit d'Idris Shogar dont nous reparlerons plus loin. Je continuais à travailler au Soudan sur les rituels pré-islamiques : je voulais savoir ce qu'il en subsistait. Les gens me répondaient tous : C'est *kunus*, c'est-à-dire « illicite », selon l'Islam, de toute façon « dépassé ». Tout cela n'existait plus. Je pensais, moi, que ces traditions persistaient et que, tout simplement, on ne souhaitait pas m'en parler. Je n'insistais pas. Quelques mois plus tard, de retour dans cette même région, avec en tête toujours ces mêmes projets, nous avons retrouvé ce même homme qui nous a dit : *Maintenant je sais qui vous êtes et je*

LE TCHAD, HIRI-BA, 1956-1957

Vieillards Kigé accompagnant le chef et se reposant un moment durant l'ascension de la montagne.

Abbakar Barka assis dans la posture du chef.

vois que vous vous intéressez vraiment aux gens de ce pays. Je vais vous accompagner et vous montrer les lieux où existent encore des cultes très anciens et où sont pratiqués des sacrifices traditionnels. Oui, Tubi avait absolument raison : *Ne posez pas de questions, vous trouverez..., apprenez à attendre.* En d'autres termes, si tu sais, on te dit. Si tu ne sais pas on attend que tu trouves. Sagesse vérifiable dans toute société paysanne traditionnelle.

Il y avait partout des enfants. Pour eux nous étions des personnages un peu étranges, comme le montre cette petite histoire de dattes. Nous achetions au marché quelques kilos de dattes sèches et dures et, quand un enfant venait près de nous pour dessiner ou raconter une histoire, il pouvait croquer des dattes ou même en emporter, nouées dans un pan de sa chemise ; les mêmes dattes que celles qu'il mâchonnait chez lui. Mais, dans leurs récits, c'étaient des fruits succulents que nous avions apportés avec nous et dont, répétaient-ils, nous avions une chambre pleine !

Les enfants entrant dans l'école.

Nous avons rapidement investi l'école, une école à deux classes, fréquentée principalement par les enfants du sultan. Joseph était un adepte des méthodes actives de Freinet et nous est venue l'idée de demander aux enfants de nous raconter les histoires de leur pays. Ils en connaissaient beaucoup et voulaient tous les raconter. On les écrivait dans leur langue et en français. Un moment passionnant ! *Qui raconte aujourd'hui ? — Non, ce n'est pas comme ça, il a oublié quelque chose ! — Alors tu reprends !*

Les enfants assis en train de dessiner.

Ils racontaient pendant des journées entières et commentaient. Ces contes portent en eux toute l'expérience et la sagesse séculaire du pays ; ils disent l'organisation sociale, les rapports des êtres entre eux et avec le monde vivant qui les entoure, plantes et bêtes. Ils disent les lois, les coutumes, la morale et les interdits, les peurs et les joies… Pour nous, comme pour eux, ces contes étaient une extraordinaire richesse.

Ils ont joué ces histoires, ils les ont dessinées, ils en ont fait un livre. Ils manquaient de feuilles, de crayons ; quand ils ont eu de la peinture, ils n'attendaient pas que la peinture sèche ; le livre s'est fait, et *il est devenu leur livre* ! Après maintes difficultés, il a été édité en France [1] et il a même été suivi d'un film d'animation. [2] Les contes Zaghawa font aujourd'hui partie du patrimoine culturel tchadien !

Ici se situe un événement qui mérite un arrêt : mon retour à Paris en avril 1957. J'étais seule à Hiri-ba pendant les mois où Joseph assurait à Paris ses cours à l'Inalco. J'avais une verrue plantaire handicapante. Pourquoi ne pas aller à Paris et me faire soigner convenablement ? Un ami du service anti-acridien, Jockers, passant par Hiri-ba, m'a conduite à Fada où j'ai retrouvé Bailloud. À dos de chameau il parcourait les sites de peintures rupestres, un rouleau de calques sous le bras. Son livre ne parut qu'en 1997. Y sont reproduits la plupart de ses relevés. [3] Je l'ai accompagné quelques jours jusqu'à Barda-Ba où se tenaient des élections. J'y suis restée une semaine, je voulais voir de près cet événement.

---

1. Contes Zaghawa (trente-sept contes et deux légendes recueillis au Tchad par Marie-José et Joseph Tubiana), préface de Michel Leiris, *Les Quatre-Jeudis*, Paris, 1961, 206 p., illustrations couleur et noir et blanc. Plusieurs ré-éditions des Contes seuls (sans les commentaires et notes comparatives), *La légende des Mondes*, L'Harmattan.
2. *Contes Zaghawa*, couleur, 16mm, 12 minutes. Film d'animation à partir de dessins d'enfants illustrant deux contes (avec la collaboration d'H. Gruel et A. Fontaine), Éditions de l'Éolienne,1964. Prix de l'Antilope d'argent au Festival Mondial des Arts Nègres (Dakar, 1966) et 1er Prix du dessin animé au Festival du film africain de St Cast (1966).
3. Gérard Bailloud. *Art rupestre en Ennedi*, bilingue (français, anglais) 256 illustrations, Paris, Sépia, 1997.

Il fallait que j'aille à Paris. Pour me soigner et, peut-être, pour me marier. Peut-être, je ne sais pas, je ne savais pas. Ce projet n'avait pas pris forme en moi. Pour rejoindre N'Djaména je suis montée à Fada dans un petit avion. Un petit coucou dont le pilote, un gentil rieur, m'a laissée un moment aux commandes. Je pilotais ! Le ciel était clair, calme, je m'amusais, on s'amusait. De l'arrivée à Paris j'ai une image très nette : Tubi m'attend en haut des marches de l'aérogare des Invalides. Je le vois et je suis traversée d'une soudaine émotion : *c'est lui, c'est bon, il est là, on peut se marier.* Oui, cette idée est venue, seule. Nous n'en avions pas parlé, jamais, me semble-t-il. Et soudain c'était là…

Ont suivi des jours encombrés de rendez-vous, de démarches administratives. Il y a même eu une enquête auprès du concierge de l'immeuble où vivait Tubi. Il a certifié que c'était un homme très bien qui vivait pacifiquement avec sa femme. (Il s'agissait de sa sœur qui partageait à l'époque l'appartement avec lui). Je n'étais en France que pour trois semaines, or la publication des bans exigeait un délai de dix jours entre l'affichage et la célébration. Nous nous sommes mariés à Bordeaux où mon père, je pense, avait fait jouer ses connaissances pour que soit accepté un délai moindre. Un bref passage à la mairie, suivi d'un pot avec mes amis bordelais.

Je tenais à une bénédiction religieuse. De retour à Paris, j'ai donc contacté le père Eugène Joly qui officiait à l'église de la Cité Universitaire et que je connaissais bien. Tubi était juif, laïque, cette petite cérémonie lui était indifférente. Le père Joly ne pouvait pas nous marier à l'église. *Mais je peux faire cette bénédiction dans la sacristie,* me dit-il. Parfait ! Cette bénédiction a donc eu lieu, suivie d'un repas dans un des grands restaurants du boulevard Montparnasse, réunissant mes parents, la mère de Tubi et le fils aîné de ma sœur. Nous étions mariés. J'avais 26 ans.

Tous les deux, quelque part.

Je suis très vite repartie en avion. Après une escale en Libye, N'Djaména, enfin ! Dès l'arrivée, je trouve un camion qui me conduit à Hiri-ba et j'ai le sentiment d'être de retour chez moi ! *J'étais ici chez moi !* J'ai aussitôt retrouvé mes indispensables accompagnateurs, le frère du sultan, Mahamat Djui, et Abdoullay Idris, son neveu. Évidemment, j'avais pour tous rapporté des cadeaux : un petit flacon de *Chanel N° 5* pour le sultan, qu'il mit immédiatement dans un placard fermé à côté du *Soir de Paris* et de ses nombreux paquets de biscottes qui lui arrivaient de France. Ces biscottes-là en acquirent une saveur très particulière. Des souliers noirs vernis pour Abdoullay ; il en fut si heureux qu'il en noua aussitôt les lacets et les porta uniquement sur son épaule, sans même les essayer, pour ne pas les abîmer. Une histoire de prestige.

J'étais à nouveau sur les marchés, j'allais fréquemment chez le sultan où il y avait toujours de nouveaux visages, je me déplaçais dans les villages voisins dès qu'on me signalait un événement. Abdoullay Idris, qui était le plus souvent avec moi, était un beau jeune homme, plus jeune que Mahamat et plus réceptif à mes interrogations. Le récit de son premier mariage a été à l'origine d'une nouvelle enquête qui prendra place dans ma thèse d'état.

J'étais motivée, heureuse. Mes projets n'avaient rien d'objectifs prédéterminés, ils prenaient forme dans une disponibilité accueillante qui me faisait attentive à tout ce qui se présentait : on me signalait la présence d'un forgeron sur le marché, j'y allais ; je voyais un attroupement, je m'approchais ; j'entendais le tambour, je sortais, même de nuit, pour participer à la danse. Les événements se recoupaient dessinant seuls, peu à peu, une image que je n'avais plus qu'à saisir dans mes nombreux carnets. Je travaillais beaucoup, avec un grand plaisir. Les survivances préislamiques étaient toujours ma préoccupation centrale, mais il y en avait bien d'autres. Tout m'intéressait !

Tubi m'avait rejointe en juin à bord d'une voiture qu'il conduisait lui-même. Il avait donc appris à conduire rapidement, mais sa conduite était loin d'être parfaite, ce qui lui valait de ma part des plaisanteries qui n'étaient pas toujours très bien reçues… De juin à août nous avons continué nos enquêtes. Nous étions dans le campement de Bakaoré quand j'ai un jour ressenti dans mon ventre des mouvements si nets que j'ai un instant pensé : *un serpent a pénétré en moi…* Le médecin militaire consulté à Biltine a diagnostiqué un encombrement du foie. Une cure de Schoum devait guérir tout ça. Et puis j'ai un jour senti que ça remuait, nettement, dans mon ventre. Frank est né en janvier 1958, à la Cité des Martyrs, à Paris.

Nous étions rentrés en bateau, de Douala à Bordeaux.

VI

Bourg-la-Reine, rue Arnoux - 1958-1963

Il nous fallait une maison. Une collègue du Musée de l'Homme quittait la sienne à Bourg-la-Reine pour un appartement place Dauphine et elle nous la proposa. C'était une maison de pierre meulière qui avait un jardin devant et un jardin derrière, elle nous plut et nous y aménageâmes. Nous y sommes restés vingt ans. Locataires d'abord et propriétaires ensuite, quand madame Corcos la mit en vente.

Y arriva une petite Sylvie imprévue, née quinze mois après Frank. Il y avait de quoi faire ! J'avais heureusement de l'aide et j'ai pu commencer à rédiger ma thèse de troisième cycle : *Les survivances préislamiques en pays Zaghawa*. Parallèlement, je continuais des recherches qui ont donné lieu à plusieurs publications : sur la collecte des graminées sauvages après les pluies, sur les contes, sur le document confié par le sultan du Wadday sur l'histoire de sa région, etc.[1]

---

1. 1960 - Un document inédit sur les sultans du Wadday, *Cahiers d'Études Africaines*, 2, p. 49-112.
1961 - Le marché de Hiri-ba : moutons, mil, sel et contrebande, *Cahiers d'Études Africaines*, 6, p.196-243.
1969 - La pratique actuelle de la cueillette chez les Zaghawa du Tchad, *Journal d'Agriculture Tropicale et de Botanique appliquée*, T.XVI, n°2/5, p.55-83.
1971 - Tchad, Études Rurales, n°42, p.120-171 (cartes des différents mouvements selon les régions et les saisons).

Qu'avais-je donc appris au bout de tout cela ? Que le pays zaghawa est un pays dur : si la pluie tarde à tomber ou est insuffisante, les hommes et troupeaux ne peuvent survivre. C'est la préoccupation qui est au centre de tous les rituels : rituels d'intronisation du chef-faiseur de pluie, rites annuels de pluie, rites agraires au moment des semailles et des récoltes, etc. Que les sanctuaires sont les points remarquables du pays : montagnes, amas de rochers, mais aussi arbres ou encore *wadi*, et que ces lieux de culte sont toujours en rapport avec un clan déterminé. Que les sacrifices sont faits par le chef au nom du clan ou de la tribu. Que la place donnée à un tel ou un tel au côté du chef est hautement significative et renvoie à des alliances antérieures ou annonce une configuration nouvelle des pouvoirs. Que l'adoption d'une nouvelle religion, écrite et universaliste, remplaçant un culte villageois essentiellement oral, ne va pas sans compromis, déviations, amalgames, pour aboutir à un syncrétisme plus ou moins affirmé. Au Wadday, par exemple, moyennant quelques concessions faites à l'orthodoxie islamique, l'essentiel du rituel ancien a été préservé. Il en fut autrement chez les Zaghawa qui ont le plus souvent préféré renoncer à leurs anciens rites. Mais l'enracinement des pratiques et des croyances que portent ces rituels est si profond qu'elles ressurgissent dans l'Islam sous d'autres formes et d'autres noms. Autrement dit, c'est toute la configuration souterraine d'une société qui peu à peu se donnait à voir au travers de ces rituels et de leurs survivances. J'ai ainsi compris que le village zaghawa n'était à l'origine que la projection dans l'espace de l'unité politique et religieuse qu'est le clan.

C'est ce que cette thèse essaie de montrer.

Notre séjour au Tchad fut pour moi une expérience essentielle. Je pense qu'elle est encore présente dans ma façon de regarder le monde : je sais que chaque peuple est nourri de traditions, croyances et pratiques qui ont depuis longtemps perdu leur nom propre mais qui, souvent, ont investi les nouvelles façons « d'être en société ». *J'oserais même dire que ce qu'on appelait autrefois le « caractère national », aujourd'hui avantageusement rebaptisé « l'inconscient collectif », n'est rien d'autre que le constat de ces acquis ancestraux qui forment une culture.* Oui, les Anglais existent, et ils sont très différents des Français, eux-mêmes fort différents des Allemands, etc. Et la référence commune à la Constitution européenne ne suffira jamais à homogénéiser les populations européennes, du moins pas avant très longtemps…

Il se trouve qu'aujourd'hui même, en août 2021, télés et radio trompettent cette évidence pour expliquer la débâcle des troupes américaines et de l'Otan qui quittent l'Afghanistan pour laisser place aux Talibans après vingt ans de « modernisation démocratique de la société ». *Non, on ne peut pas changer un peuple de l'extérieur ; non, il faut d'abord comprendre et prendre en compte sa culture profonde, le plus souvent non formulée, même si, aux yeux des intervenants, elle va à l'encontre des « valeurs » considérées comme bénéfiques pour ce même peuple…*

L'expérience en pays zaghawa et les années de travail et de rencontres qui ont suivi, m'ont définitivement donné une autre écoute du monde.

J'ai soutenu ma thèse en 1963. Claude Tardits, qui dirigeait les publications de l'Institut d'ethnologie, me proposa alors de l'éditer dans cette collection. En faire un livre demandait un travail particulier. Je partirai donc en Éthiopie avec mon livre sous le bras. Il est paru en 1964 sous le titre : *Survivances préislamiques en pays zaghawa*.[1]

---

1. Marie-José Tubiana, *Survivances préislamiques en pays Zaghawa*, Institut d'ethnologie, Paris 1964.

VII

Éthiopie, Addis-Abeba - 1963-1964

En 1962, eut lieu à Accra, au Ghana, le premier Congrès international des Africanistes où Tubi rencontra Aklilu Habte-Wold, alors Premier ministre de l'Éthiopie.

Aklilu Habte-Wold était un homme d'une grande intelligence qui, après des études secondaires au lycée français d'Alexandrie, avait obtenu à la Sorbonne un doctorat d'économie et un doctorat de droit public. Un francophone épris de culture française et soucieux de promouvoir un enseignement supérieur de qualité dans son pays. Lors de ce congrès, les échanges personnels entre Tubi et Aklilu Habte-Wold ont été nombreux, et le ministre demanda à Joseph Tubiana de réfléchir à une nouvelle organisation des études éthiopiennes à l'Université d'Addis-Abeba et à la décentralisation de l'enseignement universitaire dans le pays. Il attendait de lui des propositions précises et il jugea que la mise en place de ce projet nécessitait une mission d'un an. Cette mission fut approuvée et prise en charge par l'Unesco.

Nous partons donc en Éthiopie pour un séjour d'une année, parents et enfants. Frank a six ans et Sylvie presque cinq. Nous proposons à Rosa, notre aide domestique, de nous accompagner, mais elle refuse : *Je ne veux pas aller vivre chez des sauvages.* Nous trouvons un cargo, le Tayga, qui fait le tour du monde et qui dispose d'une place. Je revois Frank descendant les marches de la gare de Marseille avec son pot de chambre bleu dans les mains dont il ne voulait absolument pas se séparer. Sur ce bateau nous sommes les seuls passagers et on nous attribue la confortable cabine de l'armateur. L'équipage, qui compte une douzaine de personnes, est ravi d'avoir des enfants à bord. On s'occupe d'eux, on joue avec eux, et on leur construit même une petite piscine en bois. Mais ne risque-t-elle pas de déborder et de vider à la mer les enfants avec l'eau du bain ? Mes inquiétudes ne sont pas prises au sérieux... Les enfants sont tous les jours invités à trinquer à la table du pacha (le commandant de bord) et Sylvie tient beaucoup à s'y présenter, chaque fois, avec une nouvelle robe. Ce n'est pourtant pas ce que je lui ai appris !

Le trajet est long, une douzaine de jours. Je me souviens d'un arrêt de 3 ou 4 jours à Port-Soudan avec déchargements et chargements ; des lentilles me semble-t-il. Je revois des promenades dans les jardins, des hommes aux cheveux blanchis de sel. Arrivée à Djibouti dans une chaleur intense. Nous sommes attendus par nos amis Ferry qui vivent là depuis longtemps. Pour les protéger de la chaleur ils enveloppent le soir leurs enfants dans des serviettes mouillées. Avons-nous suivi leurs recommandations ? Je n'en suis pas sûre. Et puis le train jusqu'à Addis-Abeba où nous sommes accueillis par un souffle de fraîcheur et un parfum d'eucalyptus. Nous sommes ici à quelque 2 500 m d'altitude ! Installation au Ras Hôtel où les enfants sont choyés par le personnel. Et nous nous mettons aussitôt à la recherche d'une maison.

Nous la trouvons tout à côté de la prison où nous irons souvent, plus tard, acheter les œillets cultivés et vendus par les détenus ; pour eux, un minime revenu. La maison appartenait au ministre du logement ? de l'habitat ? qui en construisait, semble-t-il, un certain nombre à son nom et les louait. Un fructueux bénéfice. Il fallait la meubler. Nous avons tout acheté au marché : les lits à sommier de sangles faites de paille tressée, *angareb*, les matelas de coton, la table, les chaises ; et les livreurs ont tout transporté sur leur tête ! La porte d'entrée était peu sympathique nous avons donc décidé d'entrer par la fenêtre qui était de plain-pied avec la terrasse.

Il nous fallait des aides que nous avons très vite trouvées. Une cuisinière qui, non seulement préparait les repas, mais faisait aussi le café, ce qui en Éthiopie est tout un rituel : laver les grains, les trier, les saler, les griller, les piler, etc. Après nous avoir servis, elle faisait pour elle la même opération et nous proposait une nouvelle tasse. Nous avions aussi une femme de ménage et un gardien. Le gardien est arrivé avec femme et enfant et ils se sont installés dans le garage. *Votre voiture sera tous les matins impeccablement nettoyée*, nous a-t-il assuré, et cela fut fait. Nous avons rapidement eu une Volkswagen qui, nous a-t-on dit, avait appartenu à un personnage lâchement assassiné.

Nos voisins : notre propriétaire, tout d'abord, une famille de douze enfants. Après le dernier, sa femme décida de partir en pèlerinage à Jérusalem, je pense qu'elle ressentait le besoin de s'aérer. Une autre famille, sympathique, dont le mari était pilote, qui nous a beaucoup aidés. Jusqu'à la fin de notre séjour nous avons eu avec eux des relations proches et agréables.

Tubi a rapidement eu un bureau sous les combles du palais impérial, et très vite il s'est mis à la recherche d'Abba Jérôme. Qui était Abba Jérôme ? *Et voilà que j'hésite à dire les quelques mots qui le situeraient !*

À ce moment de mon récit, je me trouve souvent arrêtée par l'inévitable pauvreté de mes propos. J'ai, nous avons, tellement expliqué, écrit sur toutes nos missions à l'étranger que le simple signalement de nos activités et des êtres qui ont tant compté dans nos vies assèche ma parole. Le renvoi à nos publications me rassurera, peut-être, un peu.

1964. Abba Jérôme en conversation
avec un prêtre à Debra Libanos (Éthiopie).

Donc, Abba Jérôme ! Un être étonnant, un prêtre catholique qui a quitté son église sur la mule soustraite à ses Capucins italiens, indigné qu'il était de leurs comportements très éloignés de l'idéal chrétien qu'ils affirmaient ! Un être d'une immense culture, polyglotte, qui, outre le tigrigna et l'amharique, savait le français, l'italien et le latin. Un grand lettré, fin connaisseur de la culture éthiopienne, qui a été l'accompagnateur de la plupart des missions qui se sont faites en Éthiopie, dont celle de Marcel Griaule, *Dakar-Djibouti*. Loyal mais indépendant, d'humeur pacifique mais indomptable, vif et enthousiaste dans tout ce qu'il faisait, appréciant l'élégance (son mot favori), où qu'elle se trouve, pauvre et généreux. Il était vu par le petit peuple d'Éthiopie comme un homme pur, presque un saint. Il travaillait à la Bibliothèque nationale, c'est là que Tubi l'a trouvé.

Abba Jérôme a très vite pensé que, plutôt que de convenir de rendez-vous quotidiens avec Tubi, il était plus commode qu'il s'installât chez nous, ce qu'il fit. Ce fut le début d'une très longue amitié qui continuera en France des années plus tard. À la fois très présent et discret il était notre intarissable pourvoyeur de récits et de commentaires.

Il sera pendant tout notre séjour notre guide précieux.

Au Tchad, j'avais beaucoup travaillé avec les nomades et je pensais qu'il serait intéressant d'étudier en Éthiopie les nomades du nord, les Karayu, et de tenter des comparaisons. Où étaient-ils en cette saison ? Je l'ai vite appris : ils étaient pour la plupart en prison, vraisemblablement pour des vols de bétail chez leurs voisins, eux-mêmes nomades. Je les avais donc sous la main. Très bien, j'irais les voir en prison. Hélas, impossible d'obtenir l'autorisation. Bien plus qu'au Tchad, du moins à l'époque, toute initiative, qu'elle soit étrangère ou éthiopienne, impliquant une présence dans la société, devait être validée par l'autorité, par les autorités, tamponnée, enregistrée, et le plus souvent suivie de près…

Mon amie Anne Retel m'avait prêté sa caméra Paillard professionnelle. J'allais donc d'une fête à l'autre, d'une cérémonie à l'autre, et je filmais. Abba Jérôme m'accompagnait, mais au moment du départ il était le plus souvent absent ! Car il ne sortait pas sans que ses chaussures soient impeccablement cirées. Et il y avait de par la ville des centaines de cireurs qui, assis dans les rues, attendaient le client.

Nous étions ensemble à la fête de *Ganna* qui le 9 janvier (selon le calendrier éthiopien) célèbre la naissance du Christ avec messes, chants et danses. Sur le champ de foire, la foule était immense autour d'un jeu de crosse qui renvoie et rattrape une seule balle et dont cette fête tire son nom, *Ganna*. Je filmais.

Nous allions souvent au monastère d'Addis-Alem où Abba Jérôme avait beaucoup d'amis. Nous y étions pour la fête de *Timkat*, l'Épiphanie, la plus grande fête religieuse éthiopienne qui, les 18, 19 et 20 janvier, célèbre le baptême du Christ par Saint Jean-Baptiste dans le Jourdain. L'événement était rejoué par de nombreux croyants qui s'immergeaient dans le cours d'eau voisin. Les prêtres étaient assis sous une grande tente devant une abondance de mets apportés par les fidèles. Nous avons été invités à pénétrer sous la tente, mais sans caméra. Sur de larges feuilles de bananiers étaient déposées des viandes crues que l'on découpait avec de longs couteaux effilés. Les morceaux étaient offerts aux prêtres et à nous-mêmes, leurs invités. Au-dehors, les pauvres, les misérables, les estropiés attendaient en vain des miettes.

Il ne m'était pas facile de filmer. J'étais en permanence suivie par un policier. Si, pour quelque raison, il jugeait inopportune l'orientation de ma caméra, il n'hésitait pas à détourner l'objectif d'un revers de main. Pendant tout ce séjour j'ai eu le sentiment d'une surveillance continue. Étions-nous suspectés de motivations douteuses ? Je n'en suis même pas sûre. *La surveillance est dans ce pays une pratique sociale acquise de longue date.* Elle s'exerce, un point, c'est tout. Est-elle recensée, réutilisée par tel ou tel service ? J'en doute... J'ai cependant pu filmer, et le film *Éthiopiques* témoigne de cette journée. [1]

Nous sommes un jour allés avec les étudiants que nous fréquentions jusqu'au sommet du Zukwala où se trouve un vieux monastère dédié à Saint Abbo. Y vivaient des moines

---

1. Marie-José Tubiana, *Éthiopiques*, 16mm, 10 minutes, couleur et noir et blanc, S.E.R.D.A.V. Présenté pour la première fois au Ve Congrès International des Études Éthiopiennes à Nice le 20 décembre 1977.

et des moinesses, pour la plupart gyrovagues aux allures de forbans, qui n'étaient rattachés à aucun monastère. Ils vivaient en véritables ermites, le plus souvent sur les chemins, mendiant leur nourriture. Pour arriver jusqu'à eux il fallait grimper une pente de pierrailles qui partaient en éboulis, suivies d'un long escalier de pierre. Nos étudiants n'étaient jamais venus jusque-là, et ils furent fort étonnés et interrogatifs. Abba Jérôme était toujours prêt à servir d'intermédiaire.

Et nos enfants ? Frank et Sylvie étaient scolarisés au lycée français d'Addis-Abeba où les enseignants étaient pour la plupart français. Ils avaient fréquenté en France l'École nouvelle d'Antony où une très grande liberté leur était laissée. Sylvie dessina un jour des radis bleus avec cette affirmation : *En bleu ils sont bien plus beaux*. Sa maîtresse, indignée de tant d'incongruité, lui mit un bonnet d'âne et l'envoya au coin. Sylvie ne comprenait pas très bien et se mit à improviser une petite histoire. Elle nous expliqua le soir qu'elle avait été très dépitée d'avoir dû interrompre son spectacle : on l'avait obligée à rester immobile, face au mur !

Les enfants ont un jour trouvé un chien qu'ils ont ramené à la maison. Nous l'avons mis dans la baignoire et ce chiot noir, couvert de puces, en est ressorti blanc ! Nous l'avons appelé Matash « voyou ». Ce fut un vrai compagnon pour les enfants. À notre départ nous l'avons laissé à nos voisins amis.

Tant de choses encore auxquelles je devrais donner place dans ce récit de notre séjour en Éthiopie ! Des visages, des lieux, des odeurs, de magnifiques paysages. Je laisse mes souvenirs suivre leurs chemins, parfois inattendus.

Il nous restait deux mois encore et nous avons décidé de faire en voiture un grand tour de l'Éthiopie. Les routes n'étaient pas toujours sûres et nous avons donc renvoyé les enfants en France où ils ont été accueillis par mes parents. Notre voyage s'est fait sans aucune difficulté. Je conduisais, femmes et enfants s'étonnaient et criaient *Une femme au volant ! Une femme au volant !* Je m'arrangeais pour rester entre deux camions, évitant ainsi les arrêts-agressions qui étaient fréquents.

La mission de Tubi prenait fin. Était-elle satisfaisante ? De son point de vue, oui. Il était allé dans toutes les provinces, avait rencontré les responsables de l'enseignement, avait travaillé avec les fonctionnaires d'état en charge de l'éducation, et le projet de décentralisation de l'enseignement universitaire, après de nombreuses révisions, existait, et il était satisfaisant. Les experts internationaux présents avec lesquels il était en contact lui ont immédiatement conseillé de demander une « suite de mission ». Mais ce n'était pas la préoccupation de Tubi. Ce qui, pour lui, importait, c'était de savoir si le projet finalisé allait, ou non, être mis en œuvre.

Le temps dira que son travail n'a jamais quitté les tiroirs du ministère !

Rentrés en France nous avons retrouvé notre maison de Bourg-la-Reine, et repris nos recherches au CNRS.

VIII

Bourg-la-Reine, 1964-1977 : un ancrage pour les enfants et un « ressourcement » pour les parents dans le va-et-vient des événements

Un ancrage pour nos enfants

Nous sommes alors une famille avec deux enfants. Mais une famille un peu particulière, avec des parents-chercheurs qui vont séjourner dans les pays lointains, parfois pour de longues périodes. Après un long temps passé en France nous nous apprêtons à repartir au Tchad. Notre premier souci est donc de créer une situation stable pour nos enfants leur permettant de mieux supporter notre absence. Nous estimons qu'il est, avant tout, nécessaire de leur assurer un point d'ancrage stable : leur maison, leur chambre, leurs habitudes. Nous tenons à ce qu'ils ne perdent pas leurs amis, dont un ami-chien, Popy, que nous sommes allés chercher à Épernay dans un élevage et qui est devenu le meilleur confident de Frank qui l'a conquis en lui présentant continuellement ses chaussures *pour le familiariser*, disait-il.

Après un passage à l'école publique très mal vécu par Frank, les enfants ont rejoint l'École nouvelle d'Antony (ancienne école du Père Castor) où ils semblent très heureux. Ils y vont en courant et en sautant sur un pied, tout joyeux en passant devant la maison de « la souris verte » avec sa petite sculpture sur la porte qu'ils saluent d'un geste affectueux. Enfin il y a surtout Domi qui va s'installer à la maison pour s'occuper d'eux. Domi est institutrice à l'École nouvelle et est notre amie. Elle a accepté avec joie de venir s'installer à la maison ; elle partira tous les matins avec eux et les ramènera le soir après avoir passé, tous les trois, la journée à l'école. Nous étions rassurés ; ils avaient auprès d'eux une personne aimante et compréhensive pour veiller sur eux. Nous avions laissé quelques lettres écrites en avance pour qu'ils ne restent pas trop longtemps sans nouvelle. Nous pouvions donc partir tranquilles.

Notre « ressourcement » dans le va-et-vient des événements

En réalité, pas si tranquilles que cela ! Le courrier était si lent à cette époque, si lent ! Pas de mail, pas de smartphone ! Les pépins de santé des enfants de cet âge sont fréquents. Une lettre arrive parlant d'une angine ou d'un petit mal d'oreille, inquiétude…, mais le courrier a déjà trois semaines ! ils doivent être guéris depuis longtemps !

Les imprévus de tous ordres surviennent inévitablement. Nous les surmontons et les oublions en appréciant ce qui marche bien et nous enthousiasme. Ma devise est claire : *Les emmerdes il faut les oublier !* Entre les différents épisodes que nous allons rappeler maintenant nous revenions nous ressourcer à Bourg-la-Reine et retrouver nos enfants. Je suivrai ici l'ordre chronologique.

1964 : *la mission au Tchad annulée*

Nous allons donc partir au Tchad, les valises sont prêtes. Henri Sarre, un ami et collègue géographe, doit nous accompagner en voiture à l'aéroport. Nous sommes sur le départ, au bas de l'escalier, attendant notre visa que quelqu'un de l'ambassade du Tchad doit nous apporter d'une minute à l'autre, car je ne sais pour quelle raison obscure il n'a pu nous être remis quand nous sommes passés le prendre à l'ambassade. Le porteur se fait attendre, quand soudain le téléphone sonne, c'est l'ambassade du Tchad : le visa nous est refusé.

Stupeur ! Nous pensons que le refus vient d'en haut : en effet, le président Tombalbaye, originaire du Sud, avait déjà fait savoir qu'il serait beaucoup plus intéressant et utile (pour lui ? ou pour nous ?) de travailler dans sa région, d'autant plus, disait-il, qu'il est connu de tous que les Zaghawa sont des rebelles notoires ! Par ailleurs, un Français installé au Tchad, et proche du pouvoir, s'était attribué le monopole des recherches menées dans le pays. Tout chercheur arrivant au Tchad dépendait donc de lui aussi bien pour les recherches à venir que pour celles déjà faites !!! Étonnant n'est-ce pas ?

Mais ce ne sera pas notre cas. La hache de guerre, pensions-nous, ne peut être enterrée de manière aussi malhonnête.

Nous défaisons nos bagages ; les enfants sont aux anges. Frank qui est au pied de l'escalier avec sa petite valise contenant quelques biens précieux, prêt à nous accompagner, sans doute jusqu'à l'aéroport, mais peut-être plus loin, pense-t-il, on ne sait jamais…, ne cache pas sa joie.

Après avoir un peu tempêté, ce qui ne sert à rien, nous décidons que nous irons au Soudan retrouver les Zaghawa qui sont de l'autre côté de la frontière. En effet, cette population a été coupée en deux par la frontière internationale qui a repris la séparation historique entre le sultanat du Ouaddaï et celui du Dar for, et ils sont très nombreux du côté Dar for. Nous pourrons donc y continuer nos recherches et *ce contretemps peut avoir du bon, car il nous incite à étendre notre terrain d'études.* La mise en place de cette nouvelle mission va prendre un certain temps.

1965 : Abba Jérôme à Bourg-la-Reine

À la demande d'Abba Jérôme que nous avions laissé un peu désemparé à Addis Abéba et qui souhaitait venir en France, Tubi s'emploie à faire les démarches nécessaires. L'Inalco pourrait bénéficier de l'immense savoir de ce lettré sur la poésie éthiopienne, le *kenyé,* ce qui sera effectivement le thème de son enseignement. Je ne raconterai pas ici les innombrables papiers, autorisations qu'il a fallu obtenir pour que le projet aboutisse, sans compter le désamorçage des mauvaises langues qui estimaient qu'il n'était pas nécessaire d'inviter « *ce vieil ivrogne* » à venir en France, pour en plus y faire un enseignement ! Faisant fi de ces détracteurs, Tubi partit le chercher en Éthiopie et un jour Abba Jérôme est arrivé chez nous, à Bourg-la-Reine, en chantant Alleluia ! Alleluia ! Il y est resté plus de dix ans, vivant d'abord à la maison dans une pièce au rez-de-chaussée, puis chez une dame dont il avait fait connaissance en prenant un verre de vin blanc au « bistrot du coin », quand nous étions un peu trop exigeants et allions mettre un peu d'ordre et de propreté dans sa chambre. Mais il venait chaque jour à la maison, mettant une petite branche d'un arbuste bien vigoureux (en Éthiopie c'était une branche d'eucalyptus) dans le trou de la serrure, quand nous étions absents, pour indiquer son passage.

Me reviennent en mémoire de toutes petites choses, celles qui sont le sourire de la vie de tous les jours. Abba Jérôme était maintenant chargé de cours, il avait donc un salaire régulier, pour lui un luxe inconnu ! Quand il prenait un café au comptoir, il ne reprenait jamais la monnaie du billet qu'il avait donné. *Cela serait inélégant,* disait-il.

Il n'aimait pas non plus changer de chemise. Quand celle qu'il portait était sale, il mettait par-dessus celle qu'il venait d'acheter au Prisunic. Il ne s'est jamais défait de cette habitude, malgré mes insistances réitérées.

12 septembre - 19 décembre 1965 : 1ère mission au Dar for

Nous avons maintenant l'autorisation de partir au Soudan pour une mission de trois mois. Immédiatement la chance nous sourit : alors que nous évoquons notre départ lors d'une réunion de parents d'élèves à l'École Nouvelle, à notre grande surprise un couple de parents, tous les deux Haïtiens, les Lemoine, sont tout heureux de nous apprendre qu'ils sont justement en mission dans cette région et nous invitent à venir nous installer chez eux. Rémy Lemoine est ingénieur dans un projet des Nations-Unies basé à Zalingei, et le co-directeur de ce projet est (quelle chance !) un Zaghawa, Mahmud Beshir Djamma. Quelle bonne nouvelle et quelle magnifique introduction ! On ne pouvait rêver mieux. C'est alors que Domi, la rassurante, vient s'installer chez nous comme prévu.

Nous arrivons à Zalingei, le chef-lieu du Dar for occidental. Les Lemoine nous y attendent. Les maisons du « Projet » sont construites à l'extérieur du village, près d'énormes acacias, *Faidherbia albida*, appelés *haraz* en arabe.

Nous rencontrons très vite Mahmud Beshir Djamma, un homme jeune, très ouvert, très sympathique, un Zaghawa *twer* de la région d'Am Boru. Il sera immédiatement d'une grande disponibilité, établissant avec nous l'itinéraire souhaitable pour notre reconnaissance des différents groupements Zaghawa et surtout nous donnant un papier-viatique nous introduisant auprès de ses amis, leur précisant que comme eux nous mangeons *gu*, « la nourriture » en *beri a* ; en langage colonial « la boule de mil ». Ce qui nous ouvrira toutes les portes.

Nous n'avons, malheureusement, pas encore l'autorisation de mener nos enquêtes, Mahmud essaie de l'obtenir, mais c'est long, car il y a un *board*, quelque chose comme « un comité, une commission, un conseil d'administration ? » qui doit la donner or il ne s'est pas réuni depuis longtemps, et on ne sait pas quand le prochain va se réunir ! Cela nous inquiète beaucoup, mais tout le monde nous rassure : il faudra faire sans cette autorisation et dire que nous sommes là juste pour parler (c'est bien ce que nous faisons chaque jour : parler et écouter ou plutôt – dans l'autre sens – *écouter et parler pour essayer de comprendre*). Nous adoptons cette démarche : nous voulons juste prendre quelques contacts avant de commencer vraiment notre travail. Le subterfuge a parfaitement marché.

Pendant notre séjour à Zalingei, je me mets rapidement au travail avec de jeunes fonctionnaires zaghawa, enseignants, infirmiers ou secrétaires de la prison établis dans cette ville. Je poursuis avec eux mes enquêtes sur le mariage et sur les transferts de biens qui entourent l'alliance matrimoniale. Les séances sont longues, détendues, et les enquêtes réciproques. Dès le premier entretien, ils me demandent si, mon mari et moi, nous sommes parents puisque nous portons le même nom et ils nous demandent les noms de nos pères et grands-pères. Nous devons constater que nos connaissances généalogiques sont bien moins bonnes que les leurs !

Ils veulent aussi savoir combien de vaches Joseph a données pour m'épouser. La réponse : *aucune* les stupéfie et les laisse un peu incrédules et quand je leur dis que, lors de certaines alliances, c'est la jeune fille qui apporte une dot, ils ne sont pas loin de penser que notre société est vraiment bizarre : et comme nous, ils prennent des notes !

Je me réjouis de cette collaboration.

Nous sommes aussi frappés de voir que, lorsqu'ils décrivent une étape de l'alliance, ils emploient de préférence un terme emprunté au lexique arabe au lieu du terme *beria a*. La compensation matrimoniale qui se nomme *tene tegi* « je prends la fille » en *beri a* est désignée par le terme *sidak* en arabe qui veut simplement dire « la dot », avec les appauvrissements de contenu que cela implique. De même, le don qui scelle l'alliance, appelé *bié a tergo* « le clan est fermé » en *beri a* est le plus souvent désigné par le terme arabe de *hadim* (de *khatim* « sceau » en arabe). La langue arabe gagne du terrain, avec les approximations de sens que cela implique.

Peut-être parce que nous avons affaire à des gens éduqués, mais ce changement appauvrit les différents concepts. Nous discutons de cela très librement avec nos amis qui en conviennent.

Au cours de nos « conversations amicales » (c'est ainsi que je désigne notre subterfuge), je recueille de magnifiques récits de mariage dont un en *beri a* nous éclairant sur la psychologie des protagonistes et les qualités inventives déployées par les amoureux pour se rencontrer et empêcher un chien d'aboyer. Voici ce que me raconte Mohammed Djuma :

J'allai voir un faki et il me donna un verset coranique à usage secret et me dit : quand tu approcheras de la maison de la jeune fille, dis ce passage et le chien n'aboiera pas. Je fis cela et le chien n'aboya plus jamais. Nous parlions et vers minuit je retournais chez moi.

Je n'ai pas besoin de dire combien de telles informations étaient précieuses.

Un jeune Zaghawa nous sert d'interprète à Tubi et à moi, un pour deux personnes ! Nous nous partageons le travail. L'un s'attachant à recueillir le récit et l'autre à la notation du vocabulaire. C'est déjà bien de disposer de quelqu'un. Ce garçon est là en vacances et repart dans quelques jours ; il nous laisse entre les mains d'un Arabe Missirié qui, visiblement, censure questions et réponses. Il nous faudra donc sans arrêt trouver des interprètes, en fonction des disponibilités de chacun, et, bien entendu, souvent nous débrouiller sans interprète, mais cela se passe parfois très bien.

Je me souviens qu'un jour, enquêtant sur un marché avec un véritable ami, je veux dire quelqu'un avec qui j'étais en parfaite connivence, j'ai retrouvé Tubi en lui disant la richesse de ce que nous avions récolté et comme il s'étonnait, sachant que nous n'avions pas vraiment de langue commune, même si je commençais à parler un peu le *beri a*, je me suis moi-même étonnée de sa surprise et lui ai répondu : *C'est une compréhension qui passe par l'amitié, la connivence (le cœur pourrait-on dire) elle pourrait même être silencieuse.*

Il est temps maintenant pour nous de quitter Zalingei et de découvrir les différents groupements qui peuplent le Dar for. Mais les conditions de travail sont bien différentes de celles qui nous étaient offertes au Tchad. Nous n'avons plus de voiture : la nôtre est bloquée au Tchad et impossible d'obtenir qu'elle franchisse la frontière, et surtout nous n'avons plus nos deux collaborateurs attitrés : Mahamat et Abdullay qui nous accompagnaient partout. Il faudra donc faire avec les moyens du bord et l'amitié aidante des uns et des autres.

Pour quitter Zalingei, Mahmud Djama nous prête sa voiture qui nous conduit jusqu'à El-Fasher. Là, après quelques jours d'arrêt dans la maison de Babiker Nahar (ami et correspondant de Mahmud) où nous engageons des « conversations » sans fin avec quelques Zaghawa et aussi des non-zaghawa (nous n'avons toujours pas reçu l'autorisation de mener nos enquêtes) nous recueillons des informations sur la situation dans les deux pays. Inutile de poser des questions, il suffit d'écouter.

C'est en allant sur le marché que nous rencontrons Ibrahim Fransawi qui veut bien nous prendre à bord de son véhicule pour nous conduire sur la route qu'il fait régulièrement chaque semaine et qui est aussi la nôtre (en fait, il n'y en a pas d'autre !). C'est ainsi qu'il nous amène à Dor, à Kornoy, à Umburu, à Tiné. Avec lui, nous étendons notre natte sur la dalle de ciment située devant le tribunal, en attendant que le jour se lève, et nous sommes au plus près des femmes et des hommes que nous allons observer. Merci Ibrahim de cette opportunité de rencontres.

Nos enquêtes systématiques recoupent celles faites au Tchad. Elles s'enrichissent et se développent dans des directions nouvelles. Nous voulions tenter de maîtriser l'histoire de ce peuple : l'histoire des différents clans, de leurs migrations, les limites territoriales. Très vite, des « séminaires » actifs se forment spontanément autour de nous, réunissant des Zaghawa très intéressés par la reconstitution de l'histoire de leur peuple.

Ici encore, je pourrais ajouter tant de choses, de lieux et de gens rencontrés. Me reviennent quelques visages que j'ai plaisir à retenir, quelques situations surprenantes : impossible, par exemple, de toucher à nos provisions, le sens de l'accueil et de l'hospitalité étaient tels que nous aurions blessé nos hôtes en n'acceptant pas le plat qu'ils avaient préparé. Cette mission fructueuse a été difficile souvent, mais par là même positive parce que nous obligeant à plus d'exigences envers nous-mêmes.

Une réunion heureuse : la clôture. À l'initiative du directeur du département d'anthropologie sociale de Khartoum et du Gouverneur de la province du Dar for, les chercheurs se trouvant alors sur le terrain sont invités à se réunir à Zalingei. Sont présents le professeur Frederik Barth de l'Université de Bergen et son assistant Gunner Haaland, Ladislas Holy de l'université de Prague, Talal Asad, fils d'un diplomate-écrivain autrichien, juif converti à l'islam, de mère Saoudienne, né à Médine mais ayant vécu son enfance au Pakistan avant d'aller étudié l'anthropologie en Écosse et en Angleterre, nous-mêmes et de nombreuses personnalités locales. Les exposés portent sur les For, les Berti, les Kababish et les Zaghawa. C'est la première fois qu'autant de chercheurs, spécialistes de ces populations, ont l'opportunité de se réunir sur le terrain et cela satisfait notre désir de mettre en commun nos fraîches moissons.

On aborde les possibilités de développements économiques des différentes régions, la technologie, les échanges et surtout nous faisons état des archives privées trouvées dans la chefferie de Dor. Documents datant du début du XIXe siècle accordant des droits sur les terres, les récoltes et les redevances dont la découverte incitera Sean O'Fahey à entreprendre par la suite une longue recherche. Tout cela laisse bien présager de l'avenir.

Nous regagnons Khartoum. Nous recevons enfin notre autorisation de travail et surtout nous retrouvons une cantine égarée qui nous préoccupait beaucoup car elle contenait les fiches linguistiques de Joseph qui lui avaient tellement fait défaut, sans parler de l'inquiétude obsessionnelle de sa perte possible ! Quelle légèreté d'avoir décidé d'emporter ces fiches !

Me revient en mémoire l'histoire de Germaine Tillon, arrêtée par la police militaire allemande le 13 août 1942 dans la rafle des résistants du musée de l'Homme, et mise au secret absolu. Ses camarades du musée de l'Homme furent fusillés le 23 février 1942. Quand elle ne fut plus au secret, le 2 mars 1943, elle reçut dans sa cellule de Fresnes avant de partir pour Ravensbrück des colis et ses manuscrits concernant l'Aurès. Ils remplissaient une grande valise bleue et quand la valise arriva à Ravensbrück ils furent placés dans la réserve que l'on appelait le « trésor ». On retrouvera peut-être un jour la totalité de la réserve dans une cave soviétique ! Y *rêvant d'année en année, j'ai*, dit-elle, *extrait de mes brouillons et de ma mémoire tout ce qu'ils contenaient..., et j'ai laissé longtemps dormir le tout en Bretagne sous mon coude gauche* [1].

Malencontreuse idée ! un camp de concentration n'est pas un hôtel Quatre étoiles où l'on peut bénéficier de la paix de l'esprit ; heureusement elle fit bien d'autres choses merveilleuses dont un opéra dont elle parle si bien ailleurs, et surtout elle retrouva la liberté.

En rapprochant ces deux histoires je suis simplement intriguée par la recherche obsessionnelle du chercheur qui tient absolument à poursuivre son travail dans le calme sans se préoccuper des conditions extérieures, comme si rien d'autre n'existait en dehors de son travail !
Est-ce de l'inconscience ou de la présomption ?

Dans notre cas, la cantine était simplement entreposée dans un hangar de l'aéroport ! Un employé tenta en vain de nous extorquer des frais de magasinage. Nous obtiendrons finalement le rapatriement avec nous de la cantine à Paris, car notre mission prenait fin !

---

1. *Il était une fois l'ethnographie*, Seuil, 2000, p.8-9.

Notre connaissance de la population *beri* (Zaghawa et Bideyat) portait maintenant sur l'ensemble des groupes qui vivent au Tchad et au Soudan. Mais quelle connaissance ces différents groupes ont-ils les uns des autres ? Seuls les voisins se connaissent. Les populations de l'extrême Est et de l'extrême Ouest s'ignorent entre elles et sont ignorées de celles qui n'ont pas de frontières communes. La notion de frontière nous est apparue alors avec des visages multiples : limite des influences antagonistes, théâtre de rivalités, refuge où les opposants rassemblent leur force.

Pour nous il était temps de regagner Paris. Nous y serons en mai 68.

Mai 1968

Nous avons pleinement et intensément vécu ces moments. Je n'ai pas l'intention d'en refaire l'histoire. Je me contenterai de reprendre l'entretien que j'ai eu avec mon petit-fils, Marc Blanchi qui, en 2015, à la demande d'un de ses enseignants, interviewa ses deux grands-mères. Voici ce que je lui ai raconté :

« J'avais 38 ans en 1968. J'étais chercheur au CNRS dans cette unité qui portera un jour le beau nom de : *Unité de l'homme, diversité des cultures.* J'étais mariée depuis 1957, un mariage mixte, dirait-on aujourd'hui. Mon mari était originaire d'un autre pays, appartenait à une autre culture, il était enseignant-chercheur, spécialiste des langues et de la culture éthiopiennes. *Mais nous avions en partage des valeurs, des idées et nous avions une même route à tracer.* Nous avions aussi deux enfants, un garçon de dix ans et une fille de neuf ans.

J'étais depuis 1956 un membre militant du SNCS, le Syndicat national des chercheurs scientifiques, et j'étais responsable d'un Bulletin de liaison qui informait les chercheurs des résultats, *alors secrets*, des commissions, et qui présentait les modifications et les réformes que nombre d'entre nous jugeaient nécessaires, préfigurant nos revendications. J'étais donc en poste dans un emploi stable, que j'avais choisi et que j'aimais passionnément.

Je n'en voulais pas moins changer la vie, non pas ma vie, mais *la vie d'une société qui m'apparaissait bloquée et sclérosée.*

Quand le mouvement du 22 mars démarra à Nanterre sous l'impulsion de Daniel Cohn-Bendit, nous, les chercheurs, étions du côté des étudiants et non du côté des enseignants, du moins pas du côté des mandarins, ce qu'ils n'étaient pas tous.

Nous demandions des postes pour constituer de véritables équipes de recherche et non pas d'incertaines vacations qui alimentaient des étudiants bien formés bénéficiant du titre de « hors statut ». Ce qui voulait tout dire.

Nous demandions des locaux nous permettant de mener à bien un véritable travail d'équipe au lieu d'avoir à travailler chez nous, au mieux sur la table de cuisine.

Nous demandions que soient revues les modalités de l'enseignement traditionnel : cours magistraux, non visibilité des décisions, etc. C'est sur ce dernier point que nous insistions plus particulièrement : Nous souhaitions une gestion participative. C'est à ce moment que le mot d'autogestion émergea en plusieurs lieux.

C'étaient là les points majeurs de nos revendications, à un moment où la population étudiante connaissait une croissance exponentielle.

Quand, à la fin de mai 1968, les Accords de Grenelle proposèrent une augmentation de 10 % des salaires et une revalorisation du Smig, notre réaction fut unanime : *Mais ils n'ont rien compris !* Les affiches, qui déjà faisaient notre bonheur sur les murs de Paris, éclatèrent dans les rues ! On demandait des changements qualitatifs, ils nous répondaient avec des chiffres. On voulait de la reconnaissance et ils nous proposaient des sous !

Nos réunions se faisaient dans la cour et les amphis de la Sorbonne, à l'Odéon parfois, au Musée de l'Homme ou même au Palais de Chaillot. Le CNRS était fermé, *pour protéger les dossiers de ces excités qui vont tout détruire !*

Les réunions duraient longtemps, et on travaillait sérieusement. Nous voulions refaire le monde, entreprise audacieuse sans nul doute, mais on n'en vivait pas moins intensément le moment présent, on riait, parlait, plaisantait... Les relations étaient soudain devenues chaleureuses, on partageait nos sandwiches, nos gardes d'enfants, nos voitures, quand nous en avions, etc. Nous nous sentions libres, nous étions heureux ! Nos utopies prenaient corps, et nous étions sûrs qu'elles allaient enfin s'inscrire dans la réalité du monde.

Le rassemblement au stade Charléty le 27 mai fut un grand moment de joie collective. Elle fut de courte durée. Le 29 mai, de Gaulle disparaissait, l'Assemblée était dissoute, étaient annoncées des élections anticipées. La grande manifestation qui suivit sur les Champs-Élysées laissait prévoir un retour de l'ordre, ce que confirmèrent les élections qui portèrent au pouvoir une large majorité de droite ».

Mais l'esprit de 1968 n'était pas mort. Il a subsisté et il a modifié de nombreux aspects de notre vie. Je ne prendrai qu'un seul exemple : Daniel Cohn-Bendit (août 2021) vient de proposer de convertir l'emplacement du futur aéroport de Notre-Dame des Landes en lieu d'accueil pour les migrants.

Une décision qui apporterait une solution à trois problèmes : Notre-Dame des Landes, la jungle de Calais, et l'accueil des vagues successives de migrants qui, étant donné l'état du monde, ont peu de chance de s'atténuer.

Un des aspects de mai 1968 que je n'ai pas évoqué : la liberté sexuelle et la drogue. À cette époque, je n'ai personnellement connu ni l'une ni l'autre. Peut-être avions-nous déjà passé l'âge. Je pense surtout que notre exigence était autre.

Nous étions présents, Tubi et moi, dans les meetings et manifestations qui s'opposaient à la guerre d'Algérie, et notre présence dans le mouvement de 1968 relevait de la même nécessité : le refus des injustices, des inégalités, de l'arbitraire. Ce qui est une exigence de vie plus encore qu'une injonction morale.

Durant toute cette période à Bourg-la-Reine, nous avons été très pris, l'un et l'autre, par des réunions, des manifestations etc., et nous n'étions pas toujours très disponibles pour les enfants. Quand, à la fin des grèves, la circulation a repris, Franck a eu un accident : il a été renversé par une voiture. Il pensait que les vélos avaient la priorité sur les voitures ! Je ne reprendrai pas ici cette histoire, elle n'y serait pas à sa place, mais c'est un moment qui, aujourd'hui encore, reste pour moi très douloureux.

Quand nous étions au Dar for, Domi m'avait demandé si elle pouvait recevoir à Bourg-la-Reine un de ses amis de voile, Michel Laurat. Elle ajoutait que la présence d'un homme à la maison serait bénéfique pour les enfants auxquels leur père manquait. Je ne pouvais que souscrire à cette demande. Michel Laurat ne s'installa pas vraiment à la maison, il habitait à Arpajon et venait à Bourg-la-Reine en voiture où il restait jusqu'à tard le soir.

Mercédès, qui s'occupait alors de l'organisation matérielle de la maison, disait à Domi : *Il faut l'attraper, Madame ! Monsieur Michel, c'est un beau parti !* Tout se passait donc au mieux et les lettres racontaient des sorties joyeuses, des pique-niques et des promenades en forêt.

Domi et Michel se marièrent le 13 avril 1966. Stéphanie naquit le 15 décembre 1966, donc huit mois après. La famille de Domi insista pour reconnaître là une « *naissance prématurée* »… Après la naissance de sa fille, Domi quittera l'École Nouvelle pour aller s'installer à Longjumeau.

La façon dont Michel Laurat concevait leur vie familiale devint vite pour moi problématique. Il ne partageait pas la philosophie de l'École Nouvelle et estimait que Domi « se faisait exploiter » par la Direction et par nous, les parents d'élèves. Il voulait que sa femme reste chez elle, et qu'elle s'occupe de son enfant et de son ménage. Une grande déception pour nous tous ! Domi essaiera toute sa vie de vivre, à la marge, la liberté que lui avait apportée l'école Nouvelle, en particulier en recevant chez elle des enfants auxquels elle transmettra le sens de l'engagement et la confiance en soi qui ouvre vers la créativité.

3 janvier - 9 février 1969. Deuxième mission au Soudan

— *Préparations*

Nous n'avons plus Domi. Ce sont donc mes parents qui viennent à Bourg-la-Reine garder nos enfants. La situation est bien différente. Ma mère ne comprend pas que *je puisse abandonner mes enfants* (ce sont ses mots exacts). *Votre mère vous a abandonnés* dit-elle aux enfants. Ce sont des mots qui pour eux ne peuvent être que très déstabilisants !

Je voudrais essayer de la comprendre et ne pas d'emblée condamner un comportement pour le moins très maladroit. Ma mère était une femme d'une autre époque, de son époque. Je la voyais comme une femme de devoir ; de devoirs qu'elle s'imposait. Elle avait, semble-t-il, renoncé à un premier amour avec un homme marié, père de plusieurs enfants, qui, peut-être, ne lui avait pas proposé une nouvelle vie. Je sais là-dessus très peu de choses, et je ne voudrais pas inventer son histoire. Je sais qu'elle avait consulté une amie très croyante et que, finalement, « *elle avait mis loin d'elle cet amour naissant.* » C'est à ce moment-là que mourut Aline, sa mère. Ma mère avait vingt ans. Son père était infirme, ses deux frères étaient encore jeunes et c'est elle qui, de fait, devint le chef de famille. Son mariage avec mon père fut, me semble-t-il, un mariage de raison, et non pas un mariage d'amour.

La naissance de son premier enfant, dont elle parle abondamment dans ses mémoires, la laisse entre la vie et la mort.[1] Quand elle retrouve son équilibre, elle pense à terminer ses études, ce qui, à cette époque, était rare et témoigne d'une réelle autonomie, mais elle ajoute : *Car on ne sait jamais ce que l'avenir vous réserve.* Autrement dit, ce choix avait avant tout pour objectif de sécuriser sa situation.

Elle devient dentiste, la première en France, me semble-t-il, mais elle ne s'installe pas, car elle doit *veiller* (c'est moi qui souligne) sur l'entreprise de son mari. Elle s'occupera donc de ceux qui, autour d'elle, souffrent des dents. Elle a un « tour à pied » dans sa 2CV et elle soigne les membres de la famille, le personnel de la maison et les bonnes-sœurs d'un ou deux couvents voisins *qui, elles, ne se plaignent pas, car elles offrent leurs souffrances à Dieu ! — Et cela permet de m'entretenir la main,* aimait-elle à dire. Je pense que nous avons conservé un

---

1. *Cf.* ouvrage cité *Petite mémoire familiale*, p. 49 - 50.

peu de cet esprit : entreprendre, mais en faisant ce qu'il faut pour assurer l'avenir et n'être pas démunis quand surgissent les catastrophes de la vie.

Il y a, malgré tout, un très grand décalage entre la jeune femme que j'étais, qui *cherchait à s'affirmer librement,* et cette femme mûre qui s'était donné pour tâche de préserver les siens.

Oui, je voulais être une femme libre, mais, pour ma mère, il fallait que *je sois, avant tout, une bonne mère,* celle qui se *sacrifie pour les siens* (les deux termes revenaient très souvent dans sa bouche). En réalité ces deux termes ne me convenaient ni l'un ni l'autre ! Je savais ce que veut dire être épouse, mère, chercheuse, militante, etc., mais je savais aussi ce que je devais faire dans chacun de ces rôles pour qu'il soit pleinement rempli. Un choix, des choix, difficiles, mais qui me paraissent possibles, et qui n'excluent pas la place laissée au bon-sens… Sans aucun doute il entre dans ce projet une part d'utopie, ce qui n'est pas pour me déplaire ! À moins que ne s'y loge une présomption excessive, ce qui m'irriterait. De toute façon, cela m'interdit de condamner les choix faits par les autres. Il faudra donc que j'accepte une certaine insécurité dans la pertinence de mes choix, sans pour autant me renier.

Mais comment accepter ces mots : *Votre mère vous a abandonnés !* N'aurait-elle pas pu, dû dire : *Vos parents vous ont abandonnés !* Car nous étions bien deux, un père et une mère, aussi responsables l'un que l'autre des décisions que nous avions prises. Il n'y avait pas là une mère, seule concernée, dont le devoir était d'être mère au foyer et de s'occuper de ses enfants au lieu de courir les routes et les pistes.

D'une certaine façon, l'attitude de ma mère rejoignait celle de Michel Laurat qui obligea Domi à abandonner son travail à l'École Nouvelle. Dans un cas comme dans l'autre, nous sommes encore au début de cette longue lutte pour l'émancipation des femmes qui, petit à petit, s'imposera (avec toutes les régressions possibles).

Continuons le combat. Il n'est pas gagné et il sera long !

C'est dans cet état d'esprit que Tubi et moi nous sommes partis pour cette deuxième mission au Soudan.

— *La mission*

Lors de la mission précédente nous avions fait une reconnaissance globale des différents *dar* « pays », qui constituent l'ensemble zaghawa du Dar for. Dans cette deuxième mission nous souhaitions pousser plus avant l'étude d'un de ces pays : le Dar Gala.

Le 10 janvier 1969 nous arrivons en avion à El-Fasher, Babiker Nahar vient nous chercher. Nous retrouvons nos amis et allons loger chez Babiker. Nous sommes accompagnés d'un chercheur tchadien, Issa Hasan khayar, qui vient d'entrer dans notre équipe et qui mène une recherche sur les systèmes éducatifs traditionnels et modernes.

À El-Fasher nous retrouvons beaucoup de nos amis venus se faire soigner à l'hôpital ou obtenir des papiers, mais rapidement nous nous installons dans la boutique d'Ahmad Wadi pour parler avec lui des commerçants zaghawa de Fasher et de bien d'autres choses encore. Ils seraient plus de 150 ayant « pignon sur rue ». Après avoir « colonisé » Fasher, ils se sont dirigés vers Nyala et vont même jusqu'à Khartoum. Nous savions que, tout en privilégiant l'élevage, les Zaghawa sont prêts à faire du commerce et à tenir boutique à proximité du marché. Beaucoup d'articles viennent de Chine : le thé, les tissus, les draps brodés mais aussi la quincaillerie.

Devant sa boutique, Ahmad Wadi a installé deux tailleurs derrière leur machine à coudre : l'un est For, l'autre Guimir. Son fils aîné a 18 ans. Deux autres enfants vont entrer à l'école secondaire. Ahmad Wadi souhaite qu'ensuite ses enfants aillent à l'université. Cette volonté d'instruction nous la retrouvons un peu partout au Dar for et à tous les niveaux.

La boutique d'Ahmad Wadi est un lieu de rencontre idéal. On y parle beaucoup politique, toujours à l'initiative de nos interlocuteurs. La personnalité qu'ils admirent le plus est le général de Gaulle « à cause de son amitié pour les Arabes » et aussi « parce qu'il ne fournit pas d'avions à Israël ». Ils interrogent, ils veulent se tenir au courant, ils veulent aussi connaître nos avis. Les Soudanais aiment la discussion.

Nous quittons Fasher à bord du *suq-lorry*, conduit par Ibrahim Fransawi, que nous avons emprunté lors de la première mission. Nous sommes installés dans la cabine « avancée » où, en plus du chauffeur, trois personnes peuvent prendre place. Par-dessus le chargement, 38 hommes et femmes s'entassent avec leurs bagages. Les camions partent toujours un peu tard le soir, si bien que nous arrivons à Kutum à une heure du matin, après une route difficile coupée par des *wadi* sableux et souvent encaissés qu'il faut franchir en « tôlant » la route. Pas question à cette heure d'aller chez des amis, le parvis cimenté du tribunal nous accueille une fois de plus avec les autres voyageurs : un coin pour mettre une natte, une couverture et la fatigue fait le reste.

De Kutum à Dor, nous empruntons une nouvelle route. Ce voyage prend la journée et nous nous retrouvons pour la nuit suivante toujours sur le ciment, mais cette fois devant le tribunal de Dor.

Le lendemain, nous nous détournons encore de la route directe, pour faire des livraisons de marchandises et déposer des passagers et ce nouveau détour n'est pas pour nous déplaire. Nous allons vers le barrage de Metel koru. Ce réservoir qui est en eau presque toute l'année concentre l'eau de plusieurs wadi et constitue un immense progrès pour la région. La digue de retenue, un assemblage de pierres, a été édifiée par les villageois, sur les plans de notre ami Mahmud Beshir ; un peu de ciment fut le seul apport extérieur.[1]

Le 16 janvier 1969, nous voici donc arrivés à Kornoy, l'agglomération la plus importante du Dar Gala et la résidence de son chef, le shartay Tidjani at-Tayib.

Nos enquêtes de 1965 nous avaient permis d'identifier 22 clans au Dar Gala. C'est avec des représentants de chacun d'eux que nous allons mener notre étude. Inscrit dans l'espace, autour d'une montagne, le clan représente une unité sociale, une unité politique et une unité religieuse. Notre enquête porte d'abord sur l'ancêtre-fondateur et son histoire, son installation en pays zaghawa et les modalités de son installation, avec une datation approximative se référant à des faits historiques bien connus de tous. Puis elle se poursuit par le recueil de la généalogie de l'informateur en remontant si possible à cet ancêtre fondateur et en enquêtant sur chaque individu présent dans cette généalogie. Viennent ensuite les marqueurs identitaires du clan : les marques imprimées sur les chameaux et les interdits, le plus souvent alimentaires. Elle se termine par une identification des lieux de culte propres à chaque clan ou lignage et par la description des différents rituels qui y sont accomplis, accompagnés de prières et de demandes.

---

1. En 2005, soit 6 années plus tard Mahmud Beshir me dit qu'une vingtaine de barrages furent édifiés de cette façon dans le nord Dar for.

Idris Shogar.

Une fois encore, la chance nous sourit. Lors de nos enquêtes de 1965, un homme était quasiment toujours présent dans nos réunions, muet. Il nous intriguait, qui était-il ? Un agent du gouvernement, un espion au service du chef ? Rien de tout cela. Il observait, il écoutait nos questions, il écoutait nos réponses. En fait, il nous jaugeait. Je ne trouve pas de terme plus exact pour identifier son comportement.

Lors de notre deuxième séjour, il vint spontanément vers nous, frappa la nuit à notre porte, sans témoin, pour nous dire qu'il pouvait maintenant répondre aux questions que nous avions posées les années précédentes.

C'est ainsi qu'Idris Shogar, c'est son nom, nous conduisit sur tous les lieux de culte de son clan et de ses différents lignages. Guidés par lui, nous avons visité les lieux de culte des Baka : tedibi, gebile, indiri (Idris est baka indiri) sur un circuit de 57 kilomètres et, surtout, nous avons assisté sur la montagne Darma, dans le pays des Geligerge, au sacrifice d'un mouton noir, fait à Koro bili, *Le trou noir*, par une femme accompagnée de deux hommes, geligerge comme elle, en remerciement de sa guérison : elle était malade et ne pouvait avoir d'enfant.

Le jour où nous sommes allés sur la montagne était le jour anniversaire de sa promesse et nous avons pu assister à toute la cérémonie et participer au repas. Notre invitation était de bon augure. C'est grâce à Idris Shogar que nous avons pu accéder à ce rituel et à ces pratiques dont le souvenir semblait s'être effacé ou dont les gens ne voulaient pas parler, jugeant qu'elles n'étaient pas compatibles avec l'islam. Ces pratiques étaient en effet *kunus* « illicites », terme que nous avions déjà rencontré à différentes reprises.

Le mouton est conduit jusqu'à une grande dalle de pierre, légèrement inclinée. La femme arrive avec deux cousins qui pourront égorger l'animal. Le mouton est couché sur le côté gauche, la femme lui tient les pattes arrière, l'homme qui va l'égorger tient le museau et le troisième officiant la croupe. La femme rappelle au manda la promesse qu'elle a faite :

> *koro-bili, j'étais malade*
> *maintenant je me porte bien*
> *je viens faire ce sacrifice*
> *il me reste à avoir un enfant*

L'homme qui tient le couteau dit : *Bismillah, Allahu akbar* et tranche le cou de l'animal. Le sang coule sur la dalle et dégouline sur les rochers. L'homme prend la bouilloire apportée du village et verse de l'eau sur la gorge tranchée et dans la gueule de l'animal qui s'agite encore.

Deux lieux de culte :

Un premier autel au-dessus de la dalle où la femme répand un peu d'eau et quelques grains de mil puis jette des grains à la volée.

Un deuxième situé dans un petit abri sous roche où la femme se rend pour y piquer six brochettes qu'elle a fait cuire sans sel sur un petit feu situé au sommet de la dalle, en prélevant un petit morceau du mouton sacrifié sur chacune des parties de la bête découpée.

Qu'est-ce qu'un *manda* à qui sont destinées ces offrandes. C'est avant tout un lieu sacré : montagne, pierre détachée de la montagne, arbre où réside « le génie du lieu ». Ce génie est l'ancêtre, *er guru* « notre grand-père », du clan ou du lignage et sert d'intermédiaire entre les hommes et Dieu.

Après ce merveilleux voyage au pays des manda, des Baka et de quelques autres clans beri, nous avons un peu de mal à remettre pied sur terre. Quand nous arrivons à El-Fasher pour prendre l'avion, le 9 février 1969, les adieux sont un peu écourtés, car l'avion partira plus tôt que prévu. Au revoir Idris avec qui nous avons tant partagé, nous avons juste le temps de répondre à sa question « *Quand revenez-vous ?* » en lui disant, sans beaucoup réfléchir : *Sans doute dans deux ans* et c'est le départ.

27 oct. - 21 déc. 1970. Troisième mission au Soudan

Nous voici de retour. Nous, ce sont les trois membres de la mission précédente : Issa Hasan Khayar, Joseph et moi, auxquels s'est jointe Arlette Roth, arabisante.

Notre objectif est de nous rendre à Kutum pour travailler avec notre premier interlocuteur tundjur, le faki Adam Ab-Tisheka, rencontré lors des missions précédentes et, grâce à son entremise, d'enquêter avec un maximum de Tundjur vivant à Kutum, avant de nous rendre au cœur du pays tundjur, dans les montagnes du Dar Furnung.

Nous avons loué une voiture car Ibrahim Fransawi ne fait plus la route. Il est décédé il y a quelque temps déjà. Bientôt nous croisons un véhicule qui arrive dans le sens inverse et nous voyons Idris en descendre avec précipitation et nous rejoindre. Que se passe-t-il ? Comme nous nous étonnons, manifestant notre joie de le voir, nous l'interrogeons *Idris où vas-tu ?* C'est lui qui, à son tour, manifeste sa surprise : *Mais je vous attendais, n'aviez-vous pas dit que vous reveniez dans deux ans !*

Cette confiance me fait encore aujourd'hui venir les larmes aux yeux. Comment avions-nous oublié ce rendez-vous ? Ma légèreté me remplit de honte. Merci à Idris de sa fidélité. Je crois que je n'oublierai jamais notre ami.

Même si aujourd'hui, après maintes recherches, il faut nous faire à l'idée qu'il est mort dans un des nombreux combats qui ont endeuillé le pays. Sa mémoire est toujours présente dans notre cœur.

Notre installation dans la maison de l'émir où nous avions habité quelques années auparavant ne se fit pas sans difficultés. Le toit avait été enlevé et personne ne voulait que nous habitions dans une maison délabrée. Pourtant elle nous convenait parfaitement : avoir le ciel étoilé au-dessus de nos têtes nous remplissait de joie. Nous avons pu gagner la partie et y rester. Un petit paradis !

Immédiatement, nous avons repris nos enquêtes avec le faki Adam Ab-Tisheka et, de bon matin, nous partions vers son village, ordinateur à l'épaule, pour nous réjouir de le retrouver. La route était longue et sableuse et nous rencontrions de nombreuses connaissances sur notre passage avec qui nous avions des échanges chaleureux.

Mais, ce jour-là, Ab-Tisheka nous accueillit tristement avec ces mots : *Comment, vous n'avez pas écouté la radio : Votre Rais est mort !*, et il nous annonçait la mort du général de Gaulle. *Rentrez chez vous, vous êtes en deuil, pendant 40 jours !* Devant notre mine déconfite, il transigea : *Vous avez marché longtemps, nous allons parler un peu, puis vous rentrerez chez vous et les gens viendront pendant trois jours vous présenter leurs condoléances.* C'est ce qui se passa. On fit bonne figure, même si le cœur n'y était pas vraiment. Joseph, invité à parler, refusa de prononcer un discours quelconque, disant que nous n'étions pas habilités à le faire et que nous, chercheurs au CNRS, nous étions indépendants du gouvernement. C'était audacieux, mais invérifiable ! D'ailleurs personne ne mit notre parole en doute.

Rapidement nous avons organisé un parcours à dos de chameau dans les montagnes du Dar Furnung. Cette incursion chez les Tundjur nous a fait découvrir des agriculteurs de montagne dont l'habitat est en lien avec la culture du palmier-dattier ; ce qui créditerait l'hypothèse de leur origine nubienne.

Ils ont été vaincus, déportés par les sultans For, et sont aujourd'hui encore administrés par des chefs étrangers qui se sont interposés entre eux et l'administration anglaise, ensuite l'administration soudanaise. Leurs tentatives d'indépendance économique et culturelle ont toujours été réprimées.

Tout ceci était avec nous présent, vivant, quand, bien plus tard, en 2003, la guerre civile dévasta le Dar for : des centaines de milliers de morts, quelque deux millions de déplacés, des villages détruits par l'aviation soudanaise et brûlés par les milices *Janjawid* ; les femmes violées, les animaux volés, les champs dévastés, les greniers pillés, les puits empoisonnés… Pourquoi autant de haine et de violence chez un peuple que nous avions connu, malgré tout, régulé ? Que réclamaient ces gens, ces Soudanais dits rebelles ? Rien d'autre qu'une meilleure répartition des ressources et un Soudan véritablement fédéral. Des conflits parasités, il est vrai, par bien d'autres conflits, ethniques et économiques, où l'accaparement des terres jouait un très grand rôle. S'y ajoutait une effroyable sécheresse qui avait stérilisé le Nord où il n'avait pas plu depuis près de dix ans. Les populations descendaient donc vers le sud pour survivre, à la recherche de pâturages.

Ces conflits n'étaient pas inconnus à notre époque mais, d'une manière ou d'une autre, ils étaient réglés par des chefs dont l'autorité était reconnue. De surcroît, les tensions étaient aujourd'hui exacerbées par l'exaspération de l'identité arabe qui créait par contre-distinction une identité « africaine », autrement dit, non-arabe. Or, les uns et les autres étaient tous africains, tous soudanais ou tchadiens et tous musulmans.

Qu'étaient devenus ces hommes et ces femmes que nous avions connus il y avait plus de quarante ans ? Beaucoup étaient très certainement morts. Notre fils, Jérôme, partait dans cette région pour une mission d'étude pour Action contre la faim. Nos travaux prenaient plus que jamais leur sens : ils témoignaient de la vie de ce pays, de l'élaboration de sa culture, et nous pouvions donner à Jérôme tous les contacts susceptibles de lui apporter des informations fiables.

Une fois encore, nos travaux de chercheurs, peu regardés, étaient à l'épicentre de l'actualité et pouvaient y avoir un rôle bénéfique. C'est à ce moment-là que j'ai décidé d'éditer mes carnets de route au Dar for rédigés de 1965 à 1970.[1]

Puisque j'essaie de suivre, avec quelques apartés, la chronologie des événements, je reprends ici notre vie après notre dernière mission au Soudan, en décembre 1970.

1974. *La naissance de Jérôme*

De la période qui suivit, celle des années 70, je ne retiendrai que l'arrivée de Jérôme, tombé du ciel en 1974. J'avais 44 ans. Un réel changement de notre configuration familiale. Quand le médecin m'annonça que j'étais enceinte, j'ai commencé par lui dire que c'était impossible, mais on ne comprend pas tout. Il fallut se rendre à l'évidence. Nous avons fait tous les examens nécessaires, l'enfant était viable et bien formé, nous aurions donc un troisième enfant dans la joie, et tout le monde s'en occuperait. De fait, Sylvie fut pour Jérôme une deuxième mère, et le jardinier ou le plombier (je ne me souviens plus) pensait que j'étais bien gentille de m'attribuer la grossesse de ma fille. Je crains de n'avoir jamais pu le détromper.

C'est durant cette période que j'ai recueilli la biographie d'Abba Jérôme, dans le jardin de Bourg-la-Reine, essayant ainsi d'échapper à la torpeur du mois d'août : ses souvenirs d'enfant, sa formation théologique et tous les conflits qui ravagèrent l'Érythrée suite à la défaite de l'Empereur Yohannès tué par le Mahdi soudanais à Matammâ.[2] Un livre, *Guirlande*

---

1. Marie-José Tubiana, *Carnets de route au Dar for*, éd. Sépia, 2006.
2. Gebra Madhen Gebra Musyé, souvenirs d'Érythrée, recueillis par Marie-José Tubiana, *Guirlande offerte à Abba Jérôme*, Le Mois en Afrique, Paris, p. 7-44.

pour Abba Jérôme, lui sera offert par ses élèves et ses amis en 1983. Il l'a tenu entre ses mains quelques jours avant de mourir, et cela l'a rendu particulièrement heureux.

IX

Sophia-Antipolis, 1977-1987

1977 est une année importante : nous quittons Bourg-la-Reine et Paris pour Sophia-Antipolis.

Sophia, la sagesse, Antipolis : la ville d'Antibes. La « Cité des sciences et de la sagesse » était en gestation dès 1969. L'idée était de créer en-dehors de la ville une technopole qui favoriserait une fertilisation croisée entre chercheurs, ingénieurs, enseignants et entreprises. On y compte aujourd'hui, en 2021, quelque 2 500 entreprises et près de 40 000 salariés !

En 1977, le CNRS décide d'y délocaliser le labo de Recherche sur l'Afrique orientale que dirige Tubi. Ce projet nous enchante : nous pourrions, enfin, mettre en place un vrai travail d'équipe ! Nous décidons donc de vendre notre maison de Bourg-la-Reine et de nous installer près de Sophia-Antipolis.

Pendant huit ans, de 1977 à 1986, le Laboratoire Peiresc assurera à la recherche sur l'Afrique orientale un important rayonnement national et international. Hélas, ses activités se sont trouvées contraintes pour une raison toute simple : nombre de chercheurs qui avaient annoncé leur départ de Paris n'ont pas fait suivre leur décision d'un déménagement… Oui, ils venaient en train pour un séminaire, pour une conférence, mais ce lieu de travail d'équipe convivial dont nous avions tant rêvé devenait pour beaucoup une destination de week-end ensoleillé.

Il n'en reste pas moins que nous avons fait beaucoup dans ce laboratoire : des dictionnaires de langues, des colloques internationaux, un *Ethioconcord*, en collaboration avec le laboratoire de l'École de Mines, assurant la concordance automatique des calendriers éthiopien et géorgien, etc. Et de nombreuses expositions : des peintres éthiopiens modernes, des peintures éthiopiennes traditionnelles, des artistes de la région, des séries photographiques, des lectures de poésie, des concerts, etc. C'était un lieu convivial où la vie et la créativité des uns et des autres trouvaient à s'exprimer sans obstacles.

Dans la maison, c'était un passage permanent d'amis et de chercheurs dont nous étions l'hôtel privilégié. Tant de discussions, de repas, de rires ! Jérôme était petit et nous suivait partout. Je le revois avec nous, aux concerts donnés dans l'amphithéâtre de pierres, sur son petit matelas. Il s'endormait aussitôt avec des *Que c'est beau, que c'est beau !* mais ses ronflements indignaient les voisins !

Le laboratoire a été fermé en 1986, quand Tubi a pris sa retraite. Les chercheurs sont revenus à Paris où la plupart se sont repliés sur l'Inalco.

Sophia-Antipolis : une expérience riche mais amère… Nous n'avons pas fait à Sophia-Antipolis tout ce que nous aurions pu y faire. Nous voulions une structure qui suscite et favorise le travail d'équipe, et surtout une structure pérenne. Ce ne fut pas le cas. Nous avons vendu notre grande maison et nous sommes revenus à Paris.

X
Paris 1987-2022

Il fallait à nouveau trouver une maison, à tout le moins un grand appartement, tant nous avions de livres, de documents, d'objets ! Nous voilà donc rue Saint-Fargeau, dans le 20ème. Il y aura ensuite la rue de Vaugirard et enfin l'appartement de la rue Jégo où j'écris aujourd'hui ces lignes.

Notre famille s'était beaucoup agrandie. Voilà que de 2 nous étions passés à 14. Nos trois enfants étaient mariés et avaient chacun deux enfants. Avec leur sens de la parité (qui pouvait être teinté de compétition), chaque couple voulait un garçon et une fille et c'est ce qui leur fut donné : Frank et Marie avec Matéo et Zoé ; Sylvie et Daniel avec Marc et Laure ; Jérôme et Clotilde avec Julien et Élise. Tubi et moi nous étions très heureux de cette vie, de ces présences. Nous ne les voyions pas très souvent mais ils étaient là. Ils faisaient partie de notre vie. Nous nous voyions surtout au Canon dans cette maison que nous avions construite après la vente de l'Anguille. Ils y venaient les uns après les autres, mais nous faisions une grande réunion le 15 août où nous fêtions les deux Marie de la famille : Marie-José et Marie-Pierre dite Marie-Caillou.

Tubi était à la retraite et continuait évidemment à travailler. Il travaillait avec appétit, gourmandise, il était en relation avec tous les linguistes européens, avec les spécialistes d'amharique et d'autres langues de l'Afrique de l'Est. Il cherchait, et quand il avait trouvé il passait à autre chose, cela ne l'intéressait plus, happé qu'il était par l'ampleur de ce qui restait à découvrir. Tubi était un découvreur.

En 1999, ses élèves et amis lui ont offert une magnifique « guirlande » d'une quarantaine de feuillets rassemblés en un grand et beau livre de 300 pages. *Une ' Guirlande ' est en Éthiopie une tresse fleurie, faite de plantes sauvages, offerte pour symboliser le respect et l'affection. C'est la personne qui l'offre qui a tressé de ses mains cette guirlande légère, objet éphémère* [1] Ce livre a pour titre : *Les orientalistes sont des aventuriers* [2]. Le rabat de ce livre porte un commentaire du titre, écrit par Alain Rouaud, que j'ai plaisir à reproduire ici :

Depuis que la terre est ronde... L'Orient n'est plus une notion géographique : il n'est ni à l'Est ni à l'Ouest, il est dans l'Ailleurs est dans l'Autre, dans le très ailleurs et le très autre. Il est exotisme, exotisme qui se fait science, en habits d'orientalisme ou d'africanisme.

Né en 1919 à Alger, dans un Orient colonisé par l'Occident, Joseph Tubiana ne sera jamais tout à fait un Occidental. Et il deviendra l'orientaliste d'un autre Orient : la Corne de l'Afrique, le Soudan et le Tchad musulmans, terres où l'aventure intellectuelle du chercheur se mêle aux multiples aventures de « terrain ». Linguiste et ethnologue, chercheur de plein air autant que grand ami des livres, Joseph Tubiana méritait donc que le recueil d'hommages qui lui était dédié porte ce titre en forme de portrait lapidaire : *Les orientalistes sont des aventuriers.*

---

1. « La mosaïque abandonnée », in *Le temps et la mémoire du temps*, L'Harmattan, Paris, 1995.
2. *Les orientalistes sont des aventuriers, Guirlande offerte à Joseph Tubiana par ses élèves et ses amis*, textes réunis par Alain Rouaud, éditions Sépia-Aresae, 1999.

L'appartement de la rue Jean-Marie Jégo où je vis aujourd'hui donne, d'un côté, sur la verdure des arbres de la petite rue et de l'autre sur un jardin aménagé qui déborde dans notre cuisine. J'aime beaucoup cet appartement. Nous y avons nos livres, nos nombreux documents et sur les murs des peintures éthiopiennes. Le passé n'est pas derrière nous.

Avec les réfugiés du Dar for

Dès le début des années 2000, guerres et conflits ethniques ont commencé à pousser vers l'Europe des centaines de réfugiés. Parmi eux, de nombreux Soudanais du Dar for, et en particulier des Zaghawa. J'ai vu les premiers arriver chez moi en 2005. De jeunes hommes qui avaient entendu parler de nous par leur famille. Ils comptaient pour nous, ils comptaient sur nous. Ils n'étaient pas des étrangers. Une fraternité nous liait.

Nous sommes aujourd'hui en 2022 et leur accueil est devenu ma préoccupation constante, mon activité dominante. J'en ai vu et reçu des dizaines et des dizaines dont j'ai tenu à décrire le trajet du Dar for jusqu'en France dans un livre intitulé *Une émigration non-choisie*. Ce petit livre est pour l'essentiel une succession de portraits qui donnent à voir des êtres dignes et courageux avec lesquels nous nous sentons solidaires.[1]

Ils ont fui les horreurs de la guerre et les massacres, ils ont vécu des situations extrêmes en Libye, des dangers incommensurables lors de leur traversée de la Méditerranée : ces demandeurs d'asile sont des survivants.

---

1. Marie José Tubiana, *Une émigration non-choisie, histoires de demandeurs d'asile du Darfour (Soudan)*, L'Harmattan, 2016.

Un village incendié.
© *La combattante*. Camille PONSIN, 2023.

Le plus souvent ils arrivent sans papiers, soit parce que cette identification était inexistante dans leur région, soit parce que leurs documents ont été détruits dans l'incendie de leur village. Or, les organismes auxquels ils sont confiés, l'Ofpra (l'Office français de protection des réfugiés et apatrides) et la Cnda (la Cour nationale du droit d'asile) ont à valider l'identité qu'ils déclarent. Ce qui ne peut se faire qu'à partir de leurs récits de vie. Quel est alors mon rôle ?

Tout d'abord, rien d'autre que de les écouter, avec l'aide d'un interprète dans leur langue maternelle. Le plus souvent je suis bouleversée par les atrocités que calmement ils racontent, et par leur courage. Mes questions appellent des précisions, on s'arrête, on reprend ; je leur demande de dessiner le plan de leur village, de décrire les itinéraires empruntés pour aller sur différents marchés ou jusqu'à un hôpital. En fonction de ce que je sais d'eux, je peux alors leur donner une attestation écrite confirmant leur origine ethnique, la localisation de leur village, la vraisemblance de leur récit. La plupart obtiennent ainsi l'asile qui, dans un premier temps, leur avait été refusé.

J'ai aujourd'hui 91 ans, je ne suis plus à même de recevoir autant de réfugiés qu'il y a quelques années, mais je pense que je ne saurai pas fermer ma porte définitivement.

Un demandeur d'asile chez moi, rue Jégo à Paris.
© *La combattante*. Camille PONSIN, 2023.

Un jour, un jeune homme extrêmement sympathique sonne chez moi. Il est documentariste, et il a depuis longtemps l'intention de faire un film sur la jungle de Calais. Il y a rencontré un groupe venant du Dar for et il a vécu avec eux. Il a recherché les livres écrits sur cette région et il a obtenu mon adresse.

La relation de confiance est immédiate, chaleureuse, fraternelle même, dirais-je. Pendant trois ans, il assistera chez moi à de nombreux entretiens avec des émigrés, pour la plupart originaires du Dar for, qui sont là pour constituer avec moi leur demande d'asile ou rédiger, après un rejet, le recours auprès de la Cnda. J'oublie très vite la caméra, j'ai retrouvé un nouvel élan.

Le résultat : un film d'une heure cinquante, *La combattante* [1], montrant des émigrés qui sont très loin des profiteurs dont on dit qu'ils encombrent nos rues... On y voit des gens émouvants, sobres et pudiques, qui sont des survivants.

Ce film est pour moi la preuve tangible de l'intérêt et de l'utilité des recherches ethnologiques que j'ai menées toute ma vie. Non, la recherche n'est pas coupée de la vie.

C'est aussi ma façon de contribuer, dans notre pays, à la reconnaissance de ces hommes et de ces femmes pour lesquels j'ai le plus grand respect et grande amitié.

Je suis très reconnaissante à Camille d'avoir su capter avec intelligence et discrétion la complexité de ces histoires tragiques.

---

1. *La Combattante*, réalisateur Camille Ponsin, Minima Productions, sortie 2022 - Grand prix du festival 2021 du film documentaire français de Biarritz.

XI

Notre dernière semaine, du 6 au 12 décembre 2006

Mercredi 6 décembre 2006

Une tasse de café à la main nous prenons tous les deux notre petit-déjeuner dans la cuisine. Il est rare que nous soyons ensemble à cette heure-là. Tubi se lève tôt, entre 6 et 7 heures, et moi plutôt vers 9 h. Les géraniums fleuris rougissent les vitres, ils masquent la voisine d'en face, à bonne distance de l'autre côté du jardin, qui, compulsivement, tous les matins, secoue ses draps au-dessus de son balcon. Nous l'appelons « La dame aux draps ». Les draps ont quatre côtés, dans un souci de propreté elle les secoue donc quatre fois, un côté après l'autre…

L'atmosphère est paisible et Tubi me dit, presque à voix basse, comme s'il pensait tout haut : *Cela m'ennuierait beaucoup de te laisser seule.* Je le regarde en souriant et je lui réponds : *Cela m'ennuierait beaucoup de te laisser seul.* Pour lequel serait-ce le plus difficile ? Et nous évoquons en riant ce moment, au Vanuatu, où nous étions tous les deux au bord du cratère du volcan Yasur. Nous avions un peu le vertige et nous nous tenions par la main, face à cette béance de feu sous nos pieds. Nous fixions intensément les explosions qui éclataient toutes les cinq minutes. Une image nous avait à tous deux traversé l'esprit au même moment : et si nous disparaissions ensemble, engloutis dans ce brasier qui jaillissait du centre de la terre ? Nous nous étions vite détachés de ce spectacle et nous avions paisiblement descendu le chemin couvert de cendres qui nous ramenait au monde des hommes.

Jeudi 7 décembre 2006

Notre amie Anne Chapman nous invite au Musée du Quai Branly où elle présente son film : *Peuple Ona, vie et mort en Terre de Feu*. Nous ne sommes pas encore allés au musée du Quai Branly, l'un et l'autre indignés de la façon dont le Musée de l'Homme a été dépouillé pour abonder le Quai Branly. Mais nous avons envie de voir le film d'Anne.

Nous longeons les Quais à partir du Métro Bir-Hakeim. Nous avançons dans le vent : la maison du Japon, la tour Eiffel, nous y sommes. Mais où est donc la porte d'entrée ? Une façade recouverte de végétation, une porte étroite, des bornes lumineuses d'inégale hauteur, éparses dans un jardin comme dans un cimetière. Une autre entrée, non ce n'est pas encore ici, une autre encore, la bonne ! En face de nous une immense colonne où sont accrochés en désordre des instruments de musique. L'un d'eux m'appelle : c'est la petite harpeluth que j'ai rapportée du pays zaghawa en 1957 ! Une petite harpeluth perdue dans une profusion d'instruments ! Je la revois dans les mains d'Abbo Yussef, le jour où il me l'a donnée...

Quelques rampes, des escaliers et nous trouvons la salle de projection. Anne est heureuse de montrer son film. Elle l'a tourné dans les années 60-70 quand il ne restait plus que cinq personnes de cette population de chasseurs du sud de l'Argentine et du Chili. Anne a travaillé avec Lola, l'une d'elles, jusqu'à sa mort en 2000. Des photos anciennes, des récits et des chants restituent pour nous le peuple Ona avant l'arrivée des

Blancs en 1881. On voit comment une population de quelque 4 000 personnes est peu à peu décimée par la maladie, le vol des terres, et finit par disparaître. Les *estancias* et les troupeaux de moutons ont pris sa place. Ces images me bouleversent, la beauté des corps et leur anéantissement progressif nous privent de voix. Impossible de participer à la discussion. Le public est immobilisé d'émotion. Nous repartons dans le vent, emplis d'un trouble sentiment de culpabilité : comment tolérer tant de cruauté, d'inconscience ?

Anne repart dans quelques jours en Argentine et au Chili, elle a des recherches en cours, elle a 84 ans. Elle a, comme nous, le sentiment qu'il importe de laisser le plus possible de témoignages.

Mercredi 12 décembre

Je me réveille à 9 heures. Aucun bruit dans la maison. Tubi dormirait-il encore, lui qui, d'habitude, est debout dès 7 heures ? J'ai une petite pincée d'angoisse et je vais dans sa chambre. Il dort paisiblement sous sa couette. Je prépare le petit-déjeuner et il arrive, joyeux, avec un *J'ai vraiment bien dormi ! Je me sens très en forme aujourd'hui !* Un début de journée plutôt rare ! Il décide d'aller rue Daguerre chez le cordonnier où il a laissé ses chaussures à ressemeler. Un cordonnier juif avec lequel il a des affinités. Il prendra aussi mes chaussures qu'il met dans son sac à dos.

À son retour, il pose sur la table les fruits et les légumes achetés sur le marché. Il a eu dans le métro une longue conversation avec une de nos voisines, Anne Jeantet, une biologiste aujourd'hui à la retraite. Il lui a parlé de « l'aventure » de Sophia-Antipolis, vraisemblablement de tout l'espoir qu'il avait mis dans ce projet.

Après le repas au soleil dans la cuisine, il décide d'aller faire une balade. Il s'en va donc du côté de la Porte d'Italie, vers ce nouveau jardin que nous avons vu quand nous sommes allés dans l'atelier de Michaël Bethe-Sellasié, notre ami sculpteur. Mais c'était un dimanche et le jardin était fermé. Je ne l'accompagnerai pas, encore fatiguée par mon opération de la veille dont je garde sur la joue un énorme pansement fort peu esthétique.

À son retour, il décide d'aller à la réunion de la section locale du P.S. Nous étions indignés par les lois discriminatoires prises par Sarkozy à l'encontre des migrants. Ce fut notre dernier jour.

XII

Des faits et des traces…

Sur la porte d'entrée du bureau de Tubi, dans notre appartement de la rue Jégo, est collée la découpe d'un journal montrant l'arrivée d'un bateau avec ces mots : *L'Espérance est attendue.*

Pour écrire sur sa vie, sur notre vie, je voulais retrouver des faits, des preuves. Je n'ai trouvé que des traces. *Seules les traces font rêver* écrit René Char.

Que connaît-on d'un être dont on a pendant cinquante ans partagé la vie ? Peu et beaucoup ! Mais peut-être ces mots sont-ils un évitement, une échappatoire.

Nous nous sommes connus tard, il avait 36 ans, J'en avais 25.

De sa vie précédente, je ne sais quasiment rien. Je n'ai connu de sa famille que trois personnes : sa mère et ses deux sœurs. J'ai eu avec sa mère une grande intimité, de même que nos deux premiers enfants pour lesquels elle a été une merveilleuse grand-mère. Il avait avec une de ses sœurs des relations hachées, tumultueuses. Je n'avais avec elles aucune relation.

De ses 36 premières années donc, peu de choses. Un monde pour moi inconnu : l'Algérie, Alger, sa ville, la société des Juifs d'Alger, quelques photos, quelques noms d'amis.

Nous rencontrons, souvent l'un d'eux, René Borréda, son ami d'enfance, qui me racontera plusieurs choses de leur jeunesse commune.

Je sais qu'à 16 ans, il adhéra à la « Ligue internationale des combattants de la paix » dont le journal, *La patrie humaine*, avait pour devise : *Faire la guerre à la guerre*. Ils étaient l'un et l'autre engagés dans le mouvement des Auberges de jeunesse où ils avaient des responsabilités. Mais ils eurent beaucoup de mal à rassembler des volontaires pour participer aux marches qu'ils proposaient dans la montagne kabyle. Ils pensaient pouvoir réunir ainsi ouvriers, habitants des villages et jeunes intellectuels désireux d'échapper aux cloisonnements de la société. Des marches qui n'auraient eu d'autre objectif que la découverte de la nature en compagnie de personnes nouvelles. *On ne marche pas sans but*, c'était le non-dit des ouvriers et des Kabyles auxquels ils s'adressaient et qui ne voyaient pas pourquoi ils iraient marcher pour penser ou réfléchir. Un projet qui restera donc sans suite.

Tubi était un fervent lecteur de Giono, le pacifiste amoureux de la nature.

Les dernières pages du livre *Les orientalistes sont des aventuriers* (p. 287-289) donnent un *tracé biographique* précis. Je retiendrai ici son départ définitif de l'Algérie en 1945, à 26 ans. Il reprend alors ses études à Paris : l'amharique à l'Inalco avec Marcel Cohen, le guèze avec Marcel Cohen et Sylvain Grébault à l'Institut catholique, la linguistique générale avec André Martinet et Gustave Guillaume à l'École pratique des hautes études, l'ethnologie à la Sorbonne avec Marcel Griaule, les sciences religieuses avec Maurice Leenhardt, l'art copte avec André Grabar, et d'autres... Il faut rattraper le temps perdu et effacer les années de guerre. Mais la guerre suivante, elle, la guerre d'Algérie, ne le quittera pas. Elle sera de toute notre vie.

L'Algérie fut au cœur de notre rencontre. Plus exactement, la guerre d'indépendance qui la ravageait au moment où nous nous sommes connus. Ce fut elle qui décida de notre union.

En novembre 1955, se crée au Musée de l'Homme (ou peut-être ailleurs, mais c'est là que j'en ai eu connaissance) le « Comité des intellectuels contre la guerre d'Algérie » dont Tubi (personne ne l'appelait autrement au Musée) était un des membres fondateurs, avec Leiris, Mascolo, Antelme, et, sans doute, le seul Algérien du groupe. Il y eut un grand meeting salle Wagram. C'est là où nous nous sommes rencontrés pour la première fois, en dehors des sous-sols du Musée de l'Homme.

L'Afrique fut l'autre ciment de notre vie commune. Une Afrique où, en 1956, la décolonisation commençait et où émergeaient les Indépendances. Nous nous sommes engagés corps et âme dans ce moment d'histoire : *nous voulions, par nos travaux, faire mieux connaître et mieux comprendre ces sociétés qui aspiraient à une reconnaissance.*

Connivence du destin ? Je regardais un film sur la guerre d'Algérie, où un membre du réseau de notre ami Francis Jeanson subissait un interrogatoire musclé, le soir de ce 12 décembre 2006, quand le téléphone a sonné. Tubi qui était à la réunion du PS. venait d'avoir un AVC.

Non ! Je n'aurais pas dû, j'aurais dû ! Dans la voiture qui me conduit à l'hôpital, une image me traverse l'esprit : j'ai six ans et, le soir, j'écris à Dieu. Le matin, je trouve sa réponse ; ses mots sont tracés avec une encre dorée. J'aurais dû Lui écrire : *Ne le laissez pas sortir ! Faites une petite magie pour qu'il ne parte pas ! Qu'il n'ouvre pas la porte !* Mais il a ouvert la porte et il est sorti avec un *Au revoir, je reviens dans une heure.* Je n'avais plus d'encre dorée...

Nous étions des militants. Non pas des militants engagés dans des partis, mais des individus qui, par leurs actes, leurs paroles et leurs écrits, aspiraient à faire émerger d'autres formes de sociétés, plus justes et plus humaines. Ce sont ces engagements qui, je pense, ont donné à notre union sa force et sa durée. Nous avions en partage des valeurs, des idées et nous avions une même route à tracer.

Je n'irai pas plus loin…, et je laisserai le dernier mot à Giono :

Dans un roman tout s'explique, même le plus mystérieux, surtout le plus mystérieux, non seulement il s'éclaire, mais il éclaire tout le reste.

Dans la vie de la route, le plus simple reste mystérieux. [1]

---

1. Jean Giono, *L'eau vive*, tome 1, *Rondeur des jours*, l'Imaginaire, Gallimard, 1994.

LES ÉTAPES SUR LE CHEMIN…

Prélude	7
I. Bordeaux - rue Honoré Teissier, 1931-1939	9
II. Castillon - L'Anguille 1939 – 1948	13
1939 : la guerre	13
L'Anguille	19
III. Bordeaux, 1949-1953	25
IV. Paris, 1954-1956	29
V. Tchad, Hiri-Ba, 1956-1957	37
VI. Bourg-la-Reine, rue Arnoux, 1958-1963	53
VII. Éthiopie, Addis-Abeba, 1963-1964	57
VIII. Bourg-la-Reine, 1964-1977	65
Un ancrage pour nos enfants	65
Notre « ressourcement » dans le va-et-vient des événements	66
1964 : La mission au Tchad annulée	67
1965 : Abba Jérôme à Bourg-la-Reine	68
12 sept. - 19 déc. 1965 : 1ère mission au Dar for	69
Mai 1968	76
3 janvier - 9 février 1969. Deuxième mission au Soudan	80
27 oct. - 21 déc. 1970. Troisième mission au Soudan	89
1974. La naissance de Jérôme	92
IX. Sophia-Antipolis, 1977-1987	95
X. Paris, 1987-2022	97
Avec les réfugiés du Dar for	99
XI. Notre dernière semaine, du 6 au 12 décembre 2006	103
Mercredi 6 décembre 2006	103
Jeudi 7 décembre 2006	104
Mercredi 12 décembre	105
XII. Des faits et des traces…	107

Structures éditoriales
du groupe L'Harmattan

L'Harmattan Italie
Via degli Artisti, 15
10124 Torino
harmattan.italia@gmail.com

L'Harmattan Hongrie
Kossuth l. u. 14-16.
1053 Budapest
harmattan@harmattan.hu

L'Harmattan Sénégal
10 VDN en face Mermoz
BP 45034 Dakar-Fann
senharmattan@gmail.com

L'Harmattan Congo
219, avenue Nelson Mandela
BP 2874 Brazzaville
harmattan.congo@yahoo.fr

L'Harmattan Cameroun
TSINGA/FECAFOOT
BP 11486 Yaoundé
inkoukam@gmail.com

L'Harmattan Mali
ACI 2000 - Immeuble Mgr Jean Marie Cisse
Bureau 10
BP 145 Bamako-Mali
mali@harmattan.fr

L'Harmattan Burkina Faso
Achille Somé – tengnule@hotmail.fr

L'Harmattan Togo
Djidjole – Lomé
Maison Amela
face EPP BATOME
ddamela@aol.com

L'Harmattan Guinée
Almamya, rue KA 028 OKB Agency
BP 3470 Conakry
harmattanguinee@yahoo.fr

L'Harmattan Côte d'Ivoire
Résidence Karl – Cité des Arts
Abidjan-Cocody
03 BP 1588 Abidjan
espace_harmattan.ci@hotmail.fr

L'Harmattan RDC
185, avenue Nyangwe
Commune de Lingwala – Kinshasa
matangilamusadila@yahoo.fr

Nos librairies
en France

Librairie internationale
16, rue des Écoles
75005 Paris
librairie.internationale@harmattan.fr
01 40 46 79 11
www.librairieharmattan.com

Librairie des savoirs
21, rue des Écoles
75005 Paris
librairie.sh@harmattan.fr
01 46 34 13 71
www.librairieharmattansh.com

Librairie Le Lucernaire
53, rue Notre-Dame-des-Champs
75006 Paris
librairie@lucernaire.fr
01 42 22 67 13